Ralf Frisch

Widerstand und Versuchung

**Als Bonhoeffers Theologie
die Fassung verlor**

TVZ
Theologischer Verlag Zürich

Der Theologische Verlag Zürich wird vom Bundesamt für
Kultur für die Jahre 2021–2024 unterstützt.

Bibliografische Informationen
der Deutschen Nationalbibliothek

Die Deutsche Nationalbibliothek verzeichnet diese Publikation
in der Deutschen Nationalbibliografie; detaillierte bibliografische Daten sind im Internet über http://dnb.dnb.de abrufbar.

Umschlaggestaltung
Simone Ackermann, Zürich

Zitat Seite 5
Heinrich Detering, Der Antichrist und der Gekreuzigte.
Friedrich Nietzsches letzte Texte, Göttingen 2010, 168.

Druck
CPI books GmbH, Leck

2. Auflage
ISBN 978-3-290-18478-0 (Print)
ISBN 978-3-290-18479-7 (E-Book: PDF)

© 2022 Theologischer Verlag Zürich
www.tvz-verlag.ch

Alle Rechte vorbehalten

Ralf Frisch · Widerstand und Versuchung

TVZ

Bei den kalifornischen Yuki-Indianern hatte der Geschichtenerzähler die Pflicht, sich nach dem Ende seiner Erzählung von den Zuhörern ab- und der Geschichte selbst zuzuwenden. «Well, it is done», musste er ihr sagen und sie damit zurückschicken in ihre Felsenhöhle. Denn die Erzählung [...] musste mit demselben Respekt behandelt werden wie jedes andere Lebewesen auch. Ohne diese Worte aber hätte sie den Erzähler verschlingen können, und seine Zuhörer gleich mit.

Heinrich Detering

Inhalt

1
Dunkle Stunden und ihre theologischen Folgen
Annäherung an einen Unberührbaren   9

2
Nachtgesichte in Tegel
Ein Traum   25

3
Im Gleichgewicht und in Gott
Sicher gefügter Glaube   29

4
Tiefe Diesseitigkeit
Aufbruch zu einem religionslosen Christentum   41

5
Verborgene Phantasien
Gralsrittertum und nichtöffentliche Theologie   61

6
Kirchendämmerung
Die Transformation der Transzendenz und ihr Preis   69

7
Gottes Beistand
Heroischer Rollentausch eines Überchristen   87

8
Nachtgesichte in Tegel
Ein Alptraum   109

9
Atheistische Seelenverwandtschaft
Dietrich Bonhoeffer und Friedrich Nietzsche   113

10
Die Bejahung des intensiven Lebens
Dionysische Theologie   135

11
Über-Nietzsche
Eine Erlösung   153

12
Etsi Deus daretur
Epilog   169

1
Dunkle Stunden und ihre theologischen Folgen
Annäherung an einen Unberührbaren

> Dich wundern oder vielleicht sogar Sorgen machen würden dir höchstens meine theologischen Gedanken mit ihren Konsequenzen.[1]
>
> *Dietrich Bonhoeffer*

Dieses Buch ist in einer Art Felsenhöhle entstanden, genauer gesagt im Corona-Lockdown. Wer sich in einer solchen Höhle befindet, denkt und schreibt anders als einer, der sich frei bewegt.

Er denkt und schreibt aber nicht nur anders, sondern womöglich gar nicht, weil die vielzitierte Muse ihn nicht küsst und weil die alles bestimmende Wirklichkeit der Pandemie ihn weder zu Wort noch zu einem unbeschwerten Gedanken kommen lässt.

Mir jedenfalls ging es lange so – so lange, bis ich mich lesend einem zuwandte, der seinerseits dazu verurteilt war, eingesperrt zu sitzen, zu denken und zu schreiben.

---

1 Dietrich Bonhoeffer, Widerstand und Ergebung. Briefe und Aufzeichnungen aus der Haft, Dietrich Bonhoeffer Werke (DBW) Bd. 8, hg. v. Christian Gremmels, Eberhard Bethge und Renate Bethge in Zusammenarbeit mit Ilse Tödt, Gütersloh 1998, 402. Ich erlaube mir im Folgenden, in allen Zitaten «ß» durch «ss» zu ersetzen.

Gewiss dürfte Dietrich Bonhoeffers Haft in Berlin ungleich fürchterlicher gewesen sein als jedes noch so nervtötende Lockdown-Szenario unserer Tage. Aber interessant ist es ja doch, zu welchen Büchern und Denkern man in ungewohnt ernster Lage greift und welche Bücher und Denker schal, oberflächlich und uninteressant bleiben. Zu Beginn der Pandemie zog es mich eigentlich nur zu Bonhoeffer. Zu dem Mann in der Zelle. Und zum Denken, Glauben, Schreiben und Dichten dieses Mannes aus dieser Zelle heraus.

Dietrich Bonhoeffer bewegt bis heute die theologische und die kirchliche Welt. Und nicht nur sie. Er bewegt auch diejenigen, die fern von Kirche und Theologie vielleicht nur einen einzigen Theologen des 20. Jahrhunderts kennen. Eben Bonhoeffer. Den Feind Adolf Hitlers, den Widerstandskämpfer, den spirituell souveränen Christen, den Märtyrer,[2] den Helden, den bahnbrechenden Theologen. Womöglich ist Bonhoeffers Gefängniskorrespondenz, die sein Freund und Gesprächspartner Eberhard Bethge 1951 unter dem Titel «Widerstand und Ergebung» publizierte, das bekannteste und breitenwirksamste theologische Buch der jüngeren Zeit.

Wer sich mit Dietrich Bonhoeffer beschäftigt, muss sich darüber im Klaren sein, dass den Gefangenen von Berlin eine Aura der Unberührbarkeit und Unfehlbarkeit umgibt. Bonhoeffer ist sakrosankt. Sein Wort gilt als letztes Wort, weil Bonhoeffer als letzte Instanz gilt. Und so trägt das, was über ihn geschrieben wird, nicht selten hagiografische und verklärende Züge.[3] Ausnahmen sind rar, dafür umso wohltuender. Eine dieser Ausnahmen ist – erwartungsgemäss – Karl Barth. Am 22. Dezember 1952, also ein Jahr nach der Veröffentlichung von

---

2   So Eric Metaxas, Bonhoeffer. Pastor, Martyr, Prophet, Spy, Nashville 2010.

3   Der deutsche Titel der Bonhoeffer-Biografie von Charles Marsh spielt darauf an. Charles Marsh, Der verklärte Fremde. Eine Biographie, Gütersloh 2015. Im englischen Original: Strange Glory. A Life of Dietrich Bonhoeffer, New York 2014.

Bonhoeffers Briefen und Aufzeichnungen aus der Haft, gab er Landessuperintendent Walter Herrenbrück aus Aurich in Ostfriesland auf dessen Bitte hin eine Einschätzung zu Dietrich Bonhoeffer. Barth schrieb:

> «Was für ein offener und reicher und zugleich tiefer und erschütterter Mensch steht da vor einem – ‹irgendwie› beschämend und tröstlich zugleich. So habe ich ihn auch persönlich in Erinnerung. Ein aristokratischer Christ, möchte man sagen, der Einem in den verschiedensten Dimensionen voranzueilen schien […] Er war ein – wie soll ich sagen: impulsiver, visionärer Denker, dem plötzlich etwas aufging, dem er dann lebhafte Form gab, um nach einiger Zeit doch auch wieder, man wusste nicht: endgültig oder nur bis auf Weiteres, Halt zu machen bei irgend einer vorläufig letzten These […] Musste man ihm nicht immer vorgeben, dass er sich gewiss ein anderes Mal und in anderem Zusammenhang noch klarer und konziser äussern, eventuell sich zurücknehmen, eventuell weiter vorstossen werde? Nun hat er uns mit den änigmatischen Äusserungen seiner Briefe allein gelassen.»[4]

Umso grösser erscheint daher das Bedürfnis nach Enträtselung, aber auch nach Verletztgültigung des in diesen Briefen Geschrieben. Der Wunsch, es möge sich dabei um zu Ende[5] oder doch zumindest in die richtige Richtung Gedachtes han-

---

4 Karl Barth an Landessuperintendent Walter Herrenbrück am 22. Dezember 1952, in: Karl Barth Gesamtausgabe V. Briefe, Offene Briefe 1945–1968, hg. v. Diether Koch, Zürich 1984, 322–329, dort 324f. Vgl. auch Hermann Dembowski, Grundfragen der Christologie – erörtert am Problem der Herrschaft Jesu Christi, München 1969, 27. Übrigens setzen manche, die sich von Bonhoeffer besonders alleingelassen fühlen, den Briefwechsel mit ihm auch fort. Siehe dazu jüngst Jürgen Werth, Lieber Dietrich […] Dein Jürgen. Über Leben am Abgrund – ein Briefwechsel mit Bonhoeffer, Gütersloh 2020.
5 Dagegen spricht Barth, a. a. O., 327, von einem «Tiefsinn», den Bonhoeffer «nun eben selber nicht mehr vor uns ausgebreitet, vielleicht auch selber noch nicht zu Ende gedacht hat».

deln, ist weiter verbreitet als die Bereitschaft, sich nüchtern, neugierig und kritisch mit Bonhoeffer auseinanderzusetzen, sich von ihm anregen zu lassen, ihn gegebenenfalls aber auch zu hinterfragen.

Aus dem Bedürfnis nach Verehrung und Verklärung Bonhoeffers spricht zweifellos die menschlich-allzumenschliche Sehnsucht nach einer theologischen, christlichen und menschlichen Ausnahmeerscheinung, nach dem inspirierenden, über jeden Zweifel erhabenen ganz Grossen, dem heiligen Helden, mit dem man sich im Rückblick auf Kirche, Politik und Gesellschaft im Dritten Reich trösten kann und den man in der Gegenwart vergebens sucht. Bonhoeffer ist Identifikationsfigur und Stellvertreter, Vorbild und Ikone, Ideal und Idol, Märtyrer und Heiliger,[6] unfehlbar und unanfechtbar – alles also, was es im Protestantismus eigentlich nicht gibt und nicht geben darf, was aber gerade deshalb umso heftiger herbeigesehnt wird. So heftig, dass man sich fragt: «Was wären wir ohne Dietrich Bonhoeffer?»[7] Und so heftig, dass man sich zugleich fragen muss:

---

6   Siehe dazu die instruktive, bisher unveröffentlichte, 2013 als Habilitationsschrift im Fach Kirchengeschichte an der Theologischen Fakultät der Ludwig-Maximilians-Universität München angenommene Untersuchung von Tim Lorentzen, Bonhoeffers Widerstand im Gedächtnis der Nachwelt, Paderborn 2023 (vom Verlag angekündigt). Lorentzen unterscheidet drei Phasen kirchlicher Erinnerungskultur und Geschichtspolitik im Umgang mit dem getöteten Dietrich Bonhoeffer: eine Phase der «Martyrisierung» von 1946 bis 1961, eine Phase der «Politisierung» von 1982 bis 1989 und eine Phase der «Sanktifizierung» von 1990 bis zum 100. Geburtstag 2006. Im Blick auf die theologische Vergegenwärtigung Bonhoeffers knapp 75 Jahre nach seiner Ermordung ist eine Gleichzeitigkeit von Martyrisierung, Politisierung und Sanktifizierung beobachtbar.
7   Uwe Schulz, Was wären wir ohne Dietrich Bonhoeffer? Bonhoeffer 2.0: Was er uns heute zu sagen hat (Interviews & Gespräche), Basel 2013.

«Wem gehört Dietrich Bonhoeffer? Wer darf ihn für sich reklamieren? Und wer nicht?»[8]

Wer also nach wiederholter Lektüre von Bonhoeffers Briefen und Aufzeichnungen aus der Haft von Zweifeln überfallen wird, ob die theologische Entwicklung des späten Bonhoeffer wirklich eine gute Richtung genommen hat oder ob Bonhoeffer nicht vielmehr aus der Bahn geworfen, auf das falsche Gleis gesetzt oder zumindest an einen Abgrund geführt wurde, muss sich in seiner Felsenhöhle warm anziehen.

Ich vertrete in diesem Buch die These, dass Dietrich Bonhoeffers Theologie im Jahr 1944 aus der Fassung geriet und ihre Fassung verlor, aber diese Fassung am Ende womöglich doch wiederfand. Man könnte es auch anders beschreiben und Bonhoeffers theologische Entwicklung seines letzten Lebensjahres als Versuchungsgeschichte erzählen. Genau das will ich tun und dabei mit Bonhoeffer gegen Bonhoeffer über Bonhoeffer hinausdenken.

Ich mache kein Hehl daraus, dass ich Bonhoeffers Versuchung im Blick auf sein Gesamtwerk und im Blick auf die Entwicklung des sich auf ihn berufenden Protestantismus unserer Tage für fatal halte. Dass Bonhoeffers Versuchung bis heute

---

8 Man muss nur einen Blick auf den Streit über die Bonhoeffer-Gedenktafel der US-Regierung werfen, die anlässlich des 75. Jahrestags der amerikanischen Befreiung des Konzentrationslagers Flossenbürg, also am 19. April 2019, dortselbst im Auftrag des damaligen Berliner US-Botschafters Richard Grenell angebracht wurde, um sich klarzumachen, wie gross die deutsche Angst der Umdeutung, Usurpation und Kontamination Bonhoeffers durch die politische oder religiöse Rechte ist. Die Demarkationslinie zwischen demokratischen und nichtdemokratischen, theologisch legitimen und theologisch illegitimen Gesinnungen und Interpretationen verschiebt sich dabei weit nach links. Siehe www.sonntagsblatt.de/kz-gedenktafel-flossenbuerg-trump-rechtsextremismus. (Zugriff am 8. Februar 2022) Siehe ausserdem Bernd Vogel, Wenn ein Mensch wie Jesus gelebt hat. Dietrich Bonhoeffers Rede von Jesus Christus für uns heute, Stuttgart 2021, 12f.

nicht als Versuchung erkannt, sondern als grosses theologisches Verdienst, als Aufbruch zu neuen theologischen Ufern und als zukunftsweisende theologische Problemlösung verkannt wird, ist bezeichnend, macht sie aber nur noch fataler.

Ich habe dieses Buch geschrieben, weil ich davon überzeugt bin, dass die theologische Lösung, zu der Bonhoeffer in Zeiten der Anfechtung und der Versuchung geführt wurde, gravierende neue theologische Probleme erzeugte. Sie entliess Geister aus der Flasche, welche die evangelische Theologie und die evangelische Kirche im Anschluss an Bonhoeffer bis heute nicht losgeworden sind – eben darum, weil sie sie nicht loswerden wollen und nicht zu sehen bereit sind, dass Bonhoeffers vermeintliche Lösung das eigentliche Problem des gegenwärtigen Protestantismus darstellt.

Dietrich Bonhoeffer glaubte vom April 1944 an, die «freie Luft der geistigen Auseinandersetzung mit der Welt»[9] zu atmen. Doch wenn man ihm beim Denken zusieht, zeigt sich zuweilen, dass seine Spättheologie eine theologische Hyperventilation darstellt. Oder nochmals anders gesagt: was Bonhoeffer dachte, ist Explosion und Implosion zugleich. Sein Denken explodierte im eruptiven Rausch eines Gott und die Welt ganz anders verstehen wollenden Neuanfangs. Zugleich implodierte es und brach in sich zusammen – sicherlich auch unter den Eindrücken einer Situation, die selbst an einem so sicher gefügten und gefassten Menschen wie Bonhoeffer nicht spurlos vorüberging. Womöglich sind dessen Gefängnisbriefe trotz ihrer augenscheinlichen Klaglosigkeit ja doch als theologische Theodizee[10] lesbar – vielleicht auch als kontrollierter Ausbruch aus dem Korsett eines allzu ungebrochenen Glaubens an den Vatergott, der im Regiment sitzt.

---

9   Dietrich Bonhoeffer, Widerstand und Ergebung, DBW 8, 555.
10 Anders Otto Schnübbe, Christus und die mündig gewordene Welt. Dietrich Bonhoeffers letzte Denkphase und ihre Bedeutung für die Verkündigung heute, Hannover 1990, 78.

Was Dietrich Bonhoeffers Klaglosigkeit anbelangt, so spiegelt sich in ihr einer der ausgeprägtesten und eindrucksvollsten Charakterzüge des jungen Theologen. Bonhoeffers Zurückhaltung im Blick auf das Nach-aussen-Kehren der eigenen psychischen Innenwelt und sein «Überdruss an aller Psychologie»[11] waren erheblich. Nichts und niemanden verachtete Bonhoeffer mehr als Menschen, die die Beherrschung verloren, schamlos[12] wurden und in Selbstmitleid verfielen. Und genauso wenig hatte er für diejenigen übrig, die es darauf anlegten, anderen in ihr Innerstes hinein hinterher zu schnüffeln, um Fragwürdiges oder Defizitäres daraus hervorzuzerren und psychologisches oder theologisches Kapital daraus zu schlagen. Fast hat es den Anschein, als habe Bonhoeffer seine Idee einer «Arkandisziplin [...], durch die die Geheimnisse des christlichen Glaubens von Profanierung behütet werden»[13] sollen, auch im Blick auf das Verhältnis zu den Geheimnissen, Tiefen und Abgründen seiner eigenen Innenwelt zu verwirklichen versucht. Bonhoeffers Biograf, Briefadressat und engster Vertrauter Eberhard Bethge schreibt denn auch über seinen Freund:

> «Schon seiner ganzen Persönlichkeit nach war er im Bedürfnis nach dem Abschirmen zentraler Lebensvorgänge darauf angelegt, sich für die frühchristliche Praxis zu interessieren, die noch nicht Wissenden, die noch ungetauften Katechumenen, von dem eigentlichen Teil des Gottesdienstes auszuschliessen, in welchem das Mahl gefeiert und das Apostolicum gesungen wurde. Das war der Ursprung der ‹Arkandisziplin›.»[14]

Sicherlich dienten die Selbstdisziplinierungsmassnahmen des Eingesperrten gegen den Einbruch des Chaos auch dazu, unan-

---

11 Dietrich Bonhoeffer, Widerstand und Ergebung, DBW 8, 235
12 A. a. O., 311 unter Bezugnahme auf eine Bemerkung Eberhard Bethges.
13 A. a. O., 415.
14 Eberhard Bethge, Dietrich Bonhoeffer. Theologie – Christ – Zeitgenosse. Eine Biografie, Gütersloh, 9. Aufl. 2005, 988.

genehme Mitleser seiner Briefe aus seiner Person auszusperren und jene anderen, die er liebte und gern hatte, zu schützen. Seine Eltern schützte er davor, sich um ihn Sorgen zu machen. Seinem im Konzentrationslager Sachsenhausen inhaftierten und am selben Tag wie Bonhoeffer ermordeten Schwager Hans von Dohnanyi schrieb er: «Du musst wissen, dass auch nicht ein Atom von Vorwurf oder Bitterkeit in mir ist über das, was dir und mir zugestossen ist. Solche Dinge kommen von Gott und ihm allein.»[15] Und seinem Freund Eberhard Bethge und sich selbst signalisierte und suggerierte Bonhoeffer Stärke des Ethos und des Glaubens womöglich auch deshalb, weil diese Stärke als Ausdruck eines unerschütterlichen Vertrauens in die Vorsehung Gottes für beide der Strohhalm war, an den sie sich in bedrohlicher Zeit klammern konnten.

Liest man Bonhoeffers Briefe, dann kann man jedenfalls nur staunen, wie konsequent er der Versuchung widerstand, sich selbst gegenüber die Kontrolle, die Haltung und die Fassung zu verlieren. Von guten Mächten wunderbar geborgen war er am Ende stärker als die Dämonen, die ihn von aussen und von innen anfielen, um ihn umzuwerfen und in den Abgrund von Verzweiflung, Selbstzerstörung und theologischer Irrlehre zu stürzen. – So stelle ich es mir zumindest vor.

Aber natürlich kannte er sie, diese Dämonen. Aus seinem Gedicht «Wer bin ich?»[16] blicken sie, wiewohl literarisch eingehegt, heraus. Am 18. November 1943 schreibt er an Eberhard Bethge über seine Schwermut: «Du bist der einzige Mensch, der weiss, dass die ‹acedia› – ‹tristitia› mit ihren bedrohlichen Folgen mir oft nachgestellt hat.»[17] Und im Brief vom 15. Dezember 1943 öffnet er die Schleusen seines aufgewühlten Inneren weiter denn je. Er gesteht seinem Freund unumwunden,

---

15   Dietrich Bonhoeffer, Widerstand und Ergebung, DBW 8, 59.
16   A. a. O., 513f.
17   A. a. O., 187.

> «dass es trotz allem, was ich so geschrieben habe, hier scheusslich ist, dass mich die grauenhaften Eindrücke oft bis in die Nacht verfolgen und dass ich sie nur durch Aufsagen unzähliger Liedverse verwinden kann und dass dann das Aufwachen manchmal mit einem Seufzer statt mit einem Lob Gottes beginnt [...] Ich frage mich selbst oft, wer ich eigentlich bin, der, der unter diesen grässlichen Dingen hier immer wieder sich windet und das heulende Elend kriegt, oder der, der dann mit Peitschenhieben auf sich selbst einschlägt und nach aussen hin (und auch vor sich selbst) als der Ruhige, Heitere, Gelassene, Überlegene dasteht und sich dafür (d. h. für diese Theaterleistung, oder ist es keine?) bewundern lässt? Was heisst Haltung eigentlich?»[18]

Aber immer wieder nimmt Bonhoeffer Haltung an, verwindet die grässlichen Eindrücke und überwindet die Dämonen. Am 27. November 1943 fragt er rhetorisch: «Ob nicht die Angst doch auch zu den ‹pudenda› gehört, die verborgen werden sollten?»[19] Und mit einem Zitat Gotthold Ephraim Lessings erklärt er trotzig selbstbewusst: «Ich bin zu stolz, mich unglücklich zu denken.»[20]

Man wird Dietrich Bonhoeffer nicht zu viel Ehre antun und ihn auch nicht in ein ungutes Licht rücken, wenn man ihn trotz und in aller Anfechtung den geradezu mustergültigen Repräsentanten eines üblicherweise als preussisch bezeichneten Typus nennt. Bonhoeffer entstammte einer Familie, die keine Zweifel daran hegte, dass sie zur gesellschaftlichen Elite gehörte – in Sachen Bildung, in Sachen Besitz, aber auch in Sachen Verantwortung und Verpflichtung[21] gegenüber der Gegenwart und Zukunft der Kirche, der eigenen Nation, ja der ganzen Welt. Er wuchs «in einer Atmosphäre auf, die

---

18 A. a. O., 235.
19 A. a. O., 211.
20 A. a. O., 288.
21 Siehe dazu Wolfgang Huber, Dietrich Bonhoeffer. Auf dem Weg zur Freiheit. Ein Porträt, München, 3., durchgesehene Aufl. 2020, 11.

zur Ritterlichkeit anhielt»[22]. Das machte ihn sendungsbewusst. «Ich hoffe», so Bonhoeffer im Blick auf die von ihm am 3. August 1944 umrissene theologische Arbeit, von der uns nur der Entwurf vorliegt, «damit für die Zukunft der Kirche einen Dienst tun zu können.»[23]

Anlässlich des Tauftags seines Patenkindes Dietrich, des Sohns von Eberhard Bethge, dachte Bonhoeffer ungeschützt über die Frage nach, «ob wir einer Zeit der Auslese der Besten, also einer aristokratischen Ordnung entgegengehen, oder einer Gleichförmigkeit aller äusseren und inneren Lebensbedingungen der Menschen»[24]. Im Gegensatz zu vielen, die ihm theologisch, kirchlich und politisch nachzufolgen glauben, war für Dietrich Bonhoeffer, den Aristokraten, Ersteres weit wünschenswerter als Letzteres und im Blick auf seinen gesellschaftlichen Hintergrund geradezu natürlich. Ihm stand eine «Rehabilitierung des Bürgertums [...] gerade vom Christlichen her» vor Augen, und er schrieb daher «die Geschichte einer bürgerlichen Familie unserer Zeit»[25].

Aber nicht nur das. Dietrich Bonhoeffer wollte «eine neue Auslese von solchen schaffen, denen auch das Recht auf starke Führung zugebilligt wird»[26]. Wenn die oft zitierte Formulierung des Lyrikers Emanuel Geibel, am deutschen Wesen werde einmal noch die Welt genesen,[27] irgendwo im besten, aufrichtigs-

---

22 A.a.O., 40.
23 Dietrich Bonhoeffer, Widerstand und Ergebung, DBW 8, 561.
24 A.a.O., 434.
25 A.a.O., 189. Das Drama und der Roman, den Bonhoeffer verfasst hat, sind abgedruckt in: Dietrich Bonhoeffer, Fragmente aus Tegel, DBW 7, hg. v. Renate Bethge und Ilse Tödt, Gütersloh 1994. Dagegen unternimmt es Gerhard Krause in seinem TRE-Artikel, Bonhoeffer dem bürgerlichen und aristokratischen Kontext gerade zu entreissen. Siehe Gerhard Krause, Artikel «Bonhoeffer, Dietrich», in: Theologische Realenzyklopädie Bd. VII, 1981, 55–66.
26 Dietrich Bonhoeffer, Widerstand und Ergebung, DBW 8, 434.
27 Emanuel Geibel, Heroldsrufe. Aeltere und neuere Zeitgedichte, Stuttgart 1871, in dem Gedicht «Deutschlands Beruf», a.a.O., 116–118, dort 118.

ten Sinn verwendet werden kann, dann im Blick auf das Selbstverständnis der Familie Bonhoeffer und im Blick auf den Kreis von Menschen, in dem das Attentat auf Adolf Hitler ersonnen wurde.

Womöglich würde man auch nicht zu weit gehen, wenn man sagen wollte, dass Bonhoeffer sich für erwählt hielt. Ich «stehe», schreibt er so stoisch wie selbstgewiss am 11. April 1944 aus seiner Zelle an den Freund Eberhard Bethge, «ganz unter dem Eindruck, dass mein Leben – so merkwürdig das klingt – völlig geradlinig und ungebrochen verlaufen ist […] Wenn mein gegenwärtiger Status der Abschluss meines Lebens wäre, so hätte das einen Sinn, den ich zu verstehen glauben würde.»[28] Und am 9. Mai notiert er: «Ich sehe in meinem gegenwärtigen Dasein eine Aufgabe und hoffe nur, dass ich sie erfülle.»[29]

Bei der Lektüre von Bonhoeffers Gefängnisbriefen drängt sich mitunter sogar der Eindruck auf, ihr Verfasser habe über Charaktereigenschaften verfügt, die nicht einmal Christus selbst zu Gebote standen – jedenfalls nicht im Garten Getsemani und auch nicht am Kreuz auf Golgota. Es scheint sogar, als seien diese *über*christlichen Charaktereigenschaften für den Überchristen Bonhoeffer die eigentlich christlichen Tugenden gewesen.

Ist es denkbar, dass sich Bonhoeffer nicht nur für erwählt hielt, sondern sich als eine Art Stellvertreter in einem soteriologischen, heilsgeschichtlichen Zusammenhang sah? Schrieb er am 5. Oktober 1944 vielleicht deshalb das Gedicht «Jona», weil er sich mit dem Propheten identifizierte und als stellvertretendes Opfer begriff? Bonhoeffers Gedicht endet mit den Sätzen: «Sie zitterten. Doch dann mit starken Händen verstiessen sie den Schuldigen. Da stand das Meer.»[30] Zwar opferte sich Bonhoeffer biografisch betrachtet tatsächlich, indem er alle Mög-

---

28 Dietrich Bonhoeffer, Widerstand und Ergebung, DBW 8, 391.
29 A. a. O., 421.
30 A. a. O., 606.

lichkeiten, Deutschland zu verlassen, ungenutzt liess und etwa das Angebot einer Professur in New York ausschlug, weil er seinen Platz in Deutschland sah. «Die letzte verantwortliche Frage», so Bonhoeffer, «ist nicht, wie ich mich heroisch aus der Affäre ziehe, sondern [wie] eine kommende Generation weiterleben soll.»[31] Allerdings deutet kaum etwas darauf hin, dass Bonhoeffer, der nach seiner Hinrichtung immer mehr ins Licht eines stellvertretend leidenden Gerechten gerückt wurde, sich in irgendeiner Weise schuldig fühlte.[32]

Apropos Schuld. Macht man sich schuldig, wenn man Bonhoeffer gleichsam entmythologisiert und seiner idealisierenden Gewandung entkleidet? Ist es fragwürdig, die losen Enden, offenen Flanken und problematischen Sackgassen seiner Spättheologie zu markieren und zu thematisieren? Im Gegenteil. Ich glaube, es ist geradezu nötig. Drei Generationen nach Bonhoeffers Tod scheint die Zeit gekommen, sich Bonhoeffers Theologie neu und anders anzunähern – nicht mehr mit verklärendem Augenaufschlag oder dem anderen Extrem, der allzu liberalen Indifferenz gegenüber einem seltsamen Heiligen, sondern so, wie diejenigen es nicht wagen, für die er als Lichtgestalt in dürftiger Zeit über jeden Zweifel und über jede Kritik erhaben ist[33].

31 A. a. O., 25.
32 Jürgen Henkys, Dietrich Bonhoeffers Gefängnisgedichte. Beiträge zu ihrer Interpretation, München 1986, 55. Siehe auch ders., Geheimnis der Freiheit. Die Gedichte Dietrich Bonhoeffers aus der Haft. Biografie. Poesie. Theologie, Gütersloh 2005, sowie Johann Christoph Hampe, Dietrich Bonhoeffer. Von guten Mächten. Gebete und Gedichte, München 1976.
33 Grundsätzlich kritisch mit der Theologie Dietrich Bonhoeffers setzen sich insbesondere zwei grössere Monografien auseinander: Georg Huntemann, Der andere Bonhoeffer. Die Herausforderung des Modernismus, Wuppertal und Zürich 1989, sowie Klaus M. Kodalle, Dietrich Bonhoeffer. Zur Kritik seiner Theologie, Gütersloh 1991. Eine «kritische […] Relecture», eine «vorurteilsfreie […] Erörterung der Gegenwartsrelevanz» von Bonhoeffers Denken und «eine neue, reizvoll verfremdende Perspektive auf Bonhoeffers Werk» bie-

Es gehört – mit Bonhoeffer gesprochen – zur intellektuellen Redlichkeit verantwortungsbewusster Theologie, die Arbeitshypothese fallen zu lassen, Bonhoeffers Denken, das beständig veränderungsbereit blieb, könne und dürfe nicht kritisiert, über sich hinausgeführt und zu sich selbst zurückgeführt werden, wo es auf Abwege gerät.

Um Dietrich Bonhoeffers späte Theologie zur Kenntlichkeit zu entstellen und zugleich dem historischen Bonhoeffer nicht zu nahe zu treten, wähle ich in drei Kapiteln dieses Buchs ein Stilmittel, dessen sich Dietrich Bonhoeffer selbst immer wieder bediente, um seinen theologischen Erkenntnissen noch eindringlichere, das lesende Bewusstsein mit noch grösserer Plötzlichkeit[34] anfallende Gestalt zu verleihen: das Stilmittel der Fiktion, genauer gesagt der erzählenden Imagination. Ich wähne mich bei der Anwendung dieses literarischen Mittels also in guter Gesellschaft mit Bonhoeffer selbst, der an Eberhard Bethge am 5. Juni 1944 schrieb, er käme sich vor «wie ein dummer Junge, wenn ich dir verberge, dass es mich hier gelegentlich zu dichterischen Versuchen treibt»[35].

Es ist auffällig, dass Bonhoeffer nicht bemüht und auch nicht daran interessiert war, sein Experiment der ästhetischen Transformation und Kommunikation theologischer Erkenntnisse vor anderen geheim zu halten. In Dramen und Gedichten konnte er offenbaren, was er ansonsten mit grosser psychologischer «Arkandisziplin» verhüllte.[36] Das lyrische Ich vermochte ungeschützter als der Briefeschreiber zu fragen: «Wer bin ich?»[37] Was Dietrich Bonhoeffer sich im sogenannten wirkli-

    ten dem eigenen Anspruch nach Kirsten Busch-Nielsen, Ulrik Nissen und Christiane Tietz (Hg.), Mysteries in the Theology of Dietrich Bonhoeffer. A Copenhagen Bonhoeffer Symposium, Gütersloh 2007.
34 Vgl. dazu Karl Heinz Bohrer, Plötzlichkeit. Zum Augenblick des ästhetischen Scheins, Frankfurt a. M. 1981.
35 Dietrich Bonhoeffer, Widerstand und Ergebung, DBW 8, 466.
36 A. a. O., 228.
37 A. a. O., 513.

chen Leben und vielleicht auch in der theologischen Reflexion nur selten gestattete, erlaubte er sich in der Kunst. Ich halte es sogar für denkbar, dass er sich am Ende im Glauben zugestand, was er sich im Denken untersagt hatte.

Wenn aber in der Imagination möglich ist, was in der Reflexion nicht möglich ist, und wenn Bonhoeffer selbst dieser Devise folgte, warum sollte dann nicht auch ein Buch über Bonhoeffer dieser Devise folgen können, so lange es nur nicht die dreiste Torheit besitzt, seinen Leserinnen und Lesern suggerieren zu wollen, das vom Autor Imaginierte müsse sich wirklich so zugetragen haben und stelle den einzigen Schlüssel dar, der Dietrich Bonhoeffers Spättheologie wirklich erschliesst.

Um diesem Missverständnis vorzubeugen, habe ich die fiktionalen Kapitel sichtbar von den wissenschaftlich reflektierenden Kapiteln unterschieden und so als Produkte meiner Phantasie kenntlich gemacht, die sich bei meiner Lektüre von «Widerstand und Ergebung» zwischen den Zeilen entzündet hat.

Ich würde mich freuen, wenn aus der Berührung von Reflexion und Fiktion, Interpretation und Imagination erhellende und elektrisierende Funken auf Sie, liebe Leserinnen und Leser, überspringen würden. Vielleicht wird dadurch eine Theologie in ein neues Licht gerückt, die selbst in dunklen Stunden das Licht der Welt erblickte und seither die theologische Welt verändert hat.

Übrigens bin ich davon überzeugt, dass verwegene Theologie auf ausgesetzten Graten ungleich faszinierender ist als ungefährliches Nachklettern und Nachbuchstabieren auf allzu sicherem akademischen oder kirchlichen Terrain. Ich hoffe sehr, dass das auch für dieses Buch gilt. Es ist aus der Überzeugung heraus entstanden, die Karl Barth ein Jahr nach der Erstveröffentlichung von Bonhoeffers Gefängnisbriefen wie folgt zum Ausdruck gebracht hat:

> «Die Briefe sind, was man auch von ihren einzelnen Sätzen denken möge [...] ein einziger Stachel, von dem uns aufregen zu lassen uns

allen […] nur gut sein kann […] Eine Abschwächung des Anstosses, den er uns gegeben hat, wäre das Letzte, was ich wollte.»[38]

Was ich geschrieben habe, hätte ohne meinen Freund und Kollegen Günter Thomas nicht entstehen können. Er hat mich unermüdlich inspiriert. Ich danke ihm herzlich dafür.

Ebenso von Herzen danke ich Herbert Weihprecht und Gerhard Mark, die mich immer dann, wenn es nötig war, auf andere Gedanken und höhere Drehzahlen gebracht und zugleich wunderbar geerdet haben.

Wer weiss, ob es zu diesem Buch gekommen wäre, wenn ich nicht vor fast einem Jahrzehnt einem anderen Buch begegnet wäre, das, wie ich nun weiss, seither beharrlich in mir weiterarbeitete. Sein Autor ist Heinrich Detering. Ich danke auch ihm, ohne ihn persönlich zu kennen.

Vor allem aber danke ich Lisa Briner und Bigna Hauser. Ohne ihr Vertrauen in ihren Autor und ohne ihre besonnenen Zügelungen von dessen mitunter überschiessender Einbildungskraft hätte dieses Buch nicht in solch schöner Gestalt im Theologischen Verlag Zürich das Licht der Welt erblicken können.

Und natürlich danke ich auch Ihnen, liebe Leserinnen und Leser, für Ihren Entschluss zur Lektüre dessen, was Sie vor sich haben. Ich würde mich freuen, wenn das, was Sie lesen, Sie mitreisst und als heilsame Unruhe in Ihnen weiterwirkt.

Doch wie auch immer: «It is done.»

Ralf Frisch
Erlangen, Ostern 2022

---

38 Karl Barth an Walter Herrenbrück am 22. Dezember 1952, a. a. O., 324 und 328.

2
Nachtgesichte in Tegel
Ein Traum

> Ich träume täglich und eigentlich immer schön.[39]
>
> *Dietrich Bonhoeffer*

Wir wissen nicht, was Dietrich Bonhoeffer in den Nächten von Tegel geträumt hat. Nichts davon ist überliefert. Nur die vielleicht zum Trost seiner Eltern gemachte Andeutung zu Beginn seiner Haft, er träume eigentlich täglich und immer schön.

Wer trotzdem den Versuch unternehmen will, unter die Bewusstseinsschwelle des Gefangenen von Berlin zu schlüpfen, hat eigentlich nur die Möglichkeit, selbst die Augen zu schliessen und sich tagträumend vorzustellen, was sich zugetragen haben könnte im Schlaf von Bonhoeffers theologischer Vernunft.

Vielleicht Folgendes.

Er öffnet die Augen. Auf einmal ist über ihm nicht mehr die trostlose Decke seiner Zelle, sondern der Sternenhimmel. Wärme durchströmt ihn. Die Nacht ist erfüllt vom ohrenzerreissenden Zetern der Zikaden. Er weiss nicht, wo er ist. Das ist nicht Berlin. Nicht der verregnete April der letzten Tegeler Tage. Dietrich Bonhoeffer blickt um sich. Es duftet nach allem, wonach es in den Monaten seiner Haft noch niemals geduftet hat. Nach Freiheit. Nach sommerlicher Erde. Nach Sonne. Nach

---

39 Dietrich Bonhoeffer, Widerstand und Ergebung, DBW 8, 52.

blühendem Leben. Er weiss, dass er träumt. Von Barcelona vielleicht. Oder von einem Land viel weiter im Osten, in dem er noch niemals war. Er vermutet, dass die gnädigen Geister der Nacht ihm den Wunsch dieser kühlen Tage erfüllt haben, in wärmere Weltgegenden versetzt zu werden. Von je her hat er sich dort schöpferisch gegenwärtiger gefühlt als im Land seiner Geburt, in dem es seit einem Jahrzehnt noch kälter geworden war.

Offensichtlich befindet er sich in einem Garten. Unter einem Ölbaum einige Meter entfernt sieht er einen Menschen sitzen. Er hat den Kopf in die Hände gelegt. Dietrich Bonhoeffer kann nicht erkennen, ob der Mann nur in sich versunken oder ob er verzweifelt ist. Er geht auf ihn zu und kniet vor dem Fremden nieder. Der Mann, dessen Haar schwarz ist, schaut ihn an. In diesem Augenblick weiss Dietrich Bonhoeffer, dass er diese traurigen Augen kennt. Er hat den Fremden schon einmal gesehen. Aber wo? Und wann? Gerade als er ihn fragen will, fällt der andere über ihn her und wirft ihn zu Boden.

Darauf ist Dietrich Bonhoeffer nicht vorbereitet. Nicht auf diese Nähe. Nicht auf die Gewalt, mit der der Fremde, dem er doch nur helfen will, ihm zusetzt und mit ihm ringt.

«Wer bist du?», fragt Dietrich Bonhoeffer keuchend, bereits jetzt aufgrund fehlender Ausdauer ausser Atem. «Sage doch: Wie heisst du?» Aber der Andere sagt nichts. Weil der Kampf mit dem Fremden Kraft kostet, die Dietrich Bonhoeffer nicht hat, oder weil es eben ein Traum ist, in dem wie in jedem Traum alles Mögliche geschehen kann, beginnt Dietrich Bonhoeffers Sinn für das Wirkliche zu schwinden. Vielleicht ist es aber ja auch die Wirklichkeit selbst, die zu zittern beginnt. Denn nun hört er eine Stimme. Doch er weiss nicht, wessen Stimme es ist. Spricht da der Fremde, den er kennt, ohne ihn zu erkennen? Oder spricht er selbst?

Die Stimme sagt: «Ich lasse dich nicht, es sei denn, du segnest mich.» Und Dietrich Bonhoeffer tut es, weil er davon überzeugt ist, dass nicht er den Fremden, sondern der Fremde ihn darum gebeten hat. Er segnet ihn, indem er ihm mit dem Zeigefinger ein Kreuz auf die schwitzende Stirn macht.

Der Fremde hält inne. In der südlichen Nacht wird es mit einem Mal still. Selbst die Zikaden verstummen. Dann lacht der Gesegnete auf. Höhnisch und schallend. Und er sagt, noch immer lachend: «Ich, der Gekreuzigte?!» Dann sagt er nichts mehr.

Sie sehen einander an. Da nimmt der Andere Dietrich Bonhoeffers Kopf in die Hände, küsst ihn auf die vor Anstrengung blutleeren Lippen und weicht zurück. Dietrich Bonhoeffer, in dessen Herzen der Kuss brennt, blickt ihm nach. Er kann ihn sehen, wie er sich entfernt, ihn verlässt und kleiner geworden zu sein scheint. Er kann ihn sehen, wie er sich auf einmal zu ihm umwendet, seine linke Hand hebt und mit dieser linken Hand ein ungelenkes Kreuz in die Nacht zeichnet. Und er kann den Fremden hören, wie er leise lachend etwas Letztes sagt. Er sagt: «Ich segne das Zeitliche.»

Nun ist Dietrich Bonhoeffer allein. Allein im Garten, der auf einmal Mauern hat und kein Garten mehr ist, weil in ihm keine Ölbäume mehr sind und auch der Duft der südlichen Nacht verschwunden ist. Diese Mauern kennt Dietrich Bonhoeffer. Es sind die Mauern des Tegeler Gefängnishofs. Und der Himmel, zu dem er jetzt aufblickt, ist der Himmel über Berlin. Es ist ein düsterer Himmel. Ein Himmel, der ihm Angst macht und den er nicht sehen will. Nicht, weil er weiss, dass dieser Himmel gar nicht da ist. Nicht, weil er weiss, dass er gleich die Augen öffnen und auf die graue Decke seiner Zelle über sich starren wird. Nicht, weil die bedrückende Wirklichkeit seiner Haft ihn in wenigen Augenblicken wieder umgeben wird. Sondern weil dieser Himmel leer ist. Abgrundtief leer.

Da geschieht etwas Merkwürdiges. Dietrich Bonhoeffer spürt, dass er zwar zittert und weiche Knie hat. Aber er spürt auch, dass er so felsenfest wie nie zuvor auf dem Boden der Erde des mediterranen Gartens mitten im Tegeler Gefängnishof steht. Unter einem leeren Himmel. Sicher gegründet. Und mutterseelenallein.

Wer hatte sich ihm da genaht, ihn heimgesucht und aus der Fassung gebracht? Wer war der, der von ihm gesegnet werden wollte, ihn verlachte, ihn küsste und ihn dann verliess?

Auf der Schwelle des Erwachens fällt es ihm auf einmal wie Schuppen von den schlafenden Augen. Kein anderer als Christus selbst – er, der Gekreuzigte! – war ihm erschienen. Denn brannte nicht Dietrich Bonhoeffers Herz, als der Fremde ihm seinen Kuss auf die Lippen drückte? Schlug es nicht auch vor Ergriffenheit höher, als er mit dem Fremden rang? Und hatte ihn sein Traum nicht genau dorthin verrückt, wo Christus von allen guten Mächten und von all seinen Jüngern verlassen in einer seiner schwersten Stunden allein mit sich und seinem Gott gesessen war: in den Garten Getsemani?

Aber warum war dieser merkwürdig fremde und dunkle Christus ihm ausgerechnet jetzt erschienen? Was wollte er, der ja eigentlich nahezu nichts gesagt hatte, ihm in dieser Nacht sagen oder zeigen?

Und an den Rändern seines Bewusstseins kommt Dietrich Bonhoeffer kurz vor dem Verdämmern seines Traums auch die andere Frage in den Sinn. Die Frage, die ihn seit Tagen, ja Wochen umtreibt. Im Brief vom 30. April 1944 wird er seinem Freund Eberhard Bethge von dieser Frage erzählen: «Was mich unablässig bewegt, ist die Frage, was das Christentum oder auch wer Christus heute für uns eigentlich ist.»[40]

---

40 A. a. O., 402.

3
Im Gleichgewicht und in Gott
Sicher gefügter Glaube

> Ich muss die Gewissheit haben können, in Gottes Hand und nicht in Menschenhänden zu sein. Dann wird alles leicht, auch die härteste Entbehrung.[41]
>
> *Dietrich Bonhoeffer*

Dietrich Bonhoeffers Theologie strahlt in all ihren Phasen trotz ihres beständigen Weiterdrängens und Neuansetzens eine grosse, sicher gefügte Ruhe und unangefochtene Souveränität aus. Die Quelle ihrer Souveränität entsprang allerdings nicht nur dem Fels persönlicher Resilienz. Bonhoeffers Gottvertrauen war mehr als einfach nur Urvertrauen, so gewiss ihm dieses Urvertrauen und das Zutrauen in sich selbst in die Wiege gelegt wurden. Es war wirklich Vertrauen auf Gott. Der berühmte Satz des Aurelius Augustinus, demzufolge unsere Seele so lange unruhig ist, bis sie in Gott ruht,[42] hatte für Dietrich Bonhoeffer selbst, aber auch für die Seele seiner Theologie und seiner Ethik, wortwörtlichste Gültigkeit.

Bonhoeffers Theologie ist eine Theologie im Gleichgewicht, weil sie eine Theologie ist, die den archimedischen Punkt gefunden hat, von dem aus sich die Welt bewegen, er-

---

41 Dietrich Bonhoeffer, Widerstand und Ergebung, DBW 8, 252.
42 «[I]nquietum est cor nostrum, donec requiescat in te.» Aurelius Augustinus, Bekenntnisse, zweisprachige Ausgabe, aus dem Lateinischen v. Joseph Bernhart, mit einem Vorwort v. Ernst Ludwig Grasmück, Frankfurt a. M. 1987, 12.

neuern und aus den Angeln heben lässt. Nicht von irgendeiner Kunst des Lebens oder des Sterbens, sondern allein «von der Auferstehung Christi her kann», wie er Ende März 1944 schreibt, «ein neuer, reinigender Wind in die Welt wehen. *Hier* ist die Antwort auf das: δος μοι που στω και κινησω την γην.»[43] Kein Wunder also, dass Bonhoeffer von welt- und menschenerschütternden Ereignissen letztlich, also dort, wo es um mehr als um alles oder nichts geht, nicht zu erschüttern war – weder psychologisch noch theologisch. Dass andere, die weniger fest in der Wirklichkeit Gottes gefügt waren, davon erschüttert wurden, verwunderte ihn dagegen nicht. «Wie sollen», so fragt er Eberhard Bethge, «Menschen wohl irdische Spannungen aushalten, wenn sie von der Spannung zwischen Himmel und Erde nichts wissen?»[44] Wie sollen Menschen im Gleichgewicht sein, wenn sie nicht die Gewissheit haben, dass die Erde im Innersten und im Äussersten von Gott im Gleichgewicht gehalten und nicht fallen gelassen wird? Die Mehrstimmigkeit des Lebens wird ja nur dann nicht zum Missklang und zur heillosen Dissonanz, wenn Gott im Sinne des gregorianischen Kirchen- und Choralgesangs als *cantus firmus*, also als gleichbleibende, aus allem Dasein klingende Melodie erkannt und als Lied, das in allen Dingen schläft, vernommen wird. «Wo der *cantus firmus* klar und deutlich ist», so Bonhoeffer, «kann sich der Kontrapunkt so gewaltig entfalten wie nur möglich.»[45]

In Bonhoeffers musiktheologischem Konzept der «Polyphonie des Lebens»[46] sorgt der *cantus firmus* der lebensbegründenden Ewigkeit Gottes für Konsonanz selbst in den wenig

---

43   Dietrich Bonhoeffer, Widerstand und Ergebung, DBW 8, 368f. Hier wird der berühmte Satz des Archimedes zitiert.
44   A. a. O., 390.
45   A. a. O., 441.
46   A. a. O., 440. Siehe dazu Andreas Pangritz, Polyphonie des Lebens. Zu Dietrich Bonhoeffers «Theologie der Musik», Stuttgart, 3., erweiterte Aufl. 2020.

melodischen Extremlagen dieses Lebens.⁴⁷ Und er sorgt auch dafür, dass Dietrich Bonhoeffer noch nach dem gescheiterten Attentat auf Hitler gelassen schreiben kann: «Vor allem darf man sich nie vom Augenblicklichen auffressen lassen, sondern muss die Ruhe der grossen Gedanken in sich bewahren und nach ihnen alles messen.»⁴⁸ Der allergrösste Gedanke aber ist der Gedanke, dass das Leben in Gott ruht, von ihm bewegt und bewahrt wird und sich allein seiner Gnade verdankt. Weil nichts und niemand aus sich selbst lebt und aus eigener seelischer Kraft in sich ruhen muss, ist keiner dem daseinszerreissenden Chaos der dissonanten Welt ausgeliefert. Wer um den *cantus firmus* weiss, kann sich der Mannigfaltigkeit unterschiedlichster Tonlagen, Schattierungen und Facetten des Daseins überlassen, ohne einzelnen Erfahrungen auf Gedeih und Verderb ausgeliefert zu sein und sie zur allesentscheidenden und letztgültigen Wirklichkeit aufladen zu müssen. «Wenn man in dieser Polyphonie steht», so Dietrich Bonhoeffer, «dann wird das Leben erst ganz und zugleich weiss man, dass nichts Unheilvolles geschehen kann, solange der *cantus firmus* durchgehalten wird.»⁴⁹ Und so ruft er seinem fernen Freund zu, ehe sein nicht vollständig erhaltener Brief vom 20. Mai 1944 wie Bachs «Kunst der Fuge» unvermittelt abbricht: «[V]erlass dich auf den *cantus firmus*. – Ich weiss nicht, ob ich es jetzt richtig gesagt habe, man sagt so etwas selten und man kann …»⁵⁰

Man kann es auch anders sagen, etwa mit den Worten von Bonhoeffers «Ethik». Dort heisst es, die ethische Problematik rücke in ein völlig anderes Licht, sobald sich zeige, dass die «Wirklichkeiten des Ich und der Welt selbst noch eingebet-

---

47 Anders Michael Welker, Bonhoeffers theologisches Vermächtnis in «Widerstand und Ergebung», in: ders., Theologische Profile. Schleiermacher – Barth – Bonhoeffer – Moltmann, Frankfurt a. M. 2009, 102–119.
48 Dietrich Bonhoeffer, Widerstand und Ergebung, DBW 8, 563.
49 A. a. O., 442.
50 Ebd.

tet liegen in eine ganz andre letzte Wirklichkeit, nämlich die Wirklichkeit Gottes, des Schöpfers, Versöhners und Erlösers»[51]. Gerade diejenigen, die im Geist Jesu Christi die Welt gestalten wollen, sind also nicht auf sich allein gestellt. Vielmehr leben sie immer schon in Christus und werden von ihm umgeben, erfasst und von dessen österlichem Leben bewegt.[52] Diese Erkenntnis ist der Anfang der Weisheit. Und sie ist auch das Fundament christlicher Ethik, die darin besteht, dass Christinnen und Christen immer tiefer in den «lebendigen schaffenden Gott»[53] hineingezogen und in die Gestalt Jesu Christi hineinverwandelt werden.[54] «Klug», so Bonhoeffer, «ist [...] allein, wer die Wirklichkeit in Gott sieht»[55] und sich in Gott, der ersten und letzten Wirklichkeit[56], verankert. Diese Klugheit aber ist die Klugheit des Glaubens. Denn Glauben heisst «Begründung des Lebens auf einen Grund ausserhalb meiner selbst, auf einen ewigen und heiligen Grund, auf Christus»[57].

Bonhoeffers Vertrauen auf diesen göttlichen Grund allen Seins und aller Geschichte geht zuweilen so weit, dass Schicksal und Gott theologisch verschmelzen und die Frage, wo Widerstand und wo Ergebung gefordert sind, für Bonhoeffer zu einem echten theologischen Problem wird. «Ich habe mir hier», so Bonhoeffer aus dem Gefängnis, «oft Gedanken gemacht, welche Grenzen zwischen dem notwendigen Widerstand gegen das ‹Schicksal› und der ebenso notwendigen Ergebung liegen.»[58] Er setzt das Wort Schicksal in Anführungszeichen, die es in den Horizont der Vorsehung Gottes einrücken. Und er schreibt:

---

51 Dietrich Bonhoeffer, Ethik, DBW 6, hg. v. Ilse Tödt, Heinz Eduard Tödt, Ernst Feil und Clifford Green, München 1992, 32.
52 Dietrich Bonhoeffer, Widerstand und Ergebung, DBW 8, 369.
53 Dietrich Bonhoeffer, Ethik, DBW 6, 68.
54 A. a. O., 81.
55 A. a. O., 67.
56 A. a. O., 33.
57 A. a. O., 138.
58 Dietrich Bonhoeffer, Widerstand und Ergebung, DBW 8, 333.

«Deutlicher als in anderen Zeiten erkennen wir, dass die Welt in den zornigen und gnädigen Händen Gottes ist.»[59]

Wer sich in diesen Händen weiss und auch das widrigste Ergehen als Vermummung[60] Gottes begreifen und aus den Händen Jesu Christi empfangen kann, braucht offenkundig auch das scheinbar Lebens- und Gottfernste, nämlich den Tod, nicht zu fürchten. Denn wenn Christenmenschen mit dem Gedanken Ernst machen, dass sie allein aus Gott und aus Gottes österlichem Leben leben und nur von ihm, dem Auferstandenen, in die Freiheit geführt werden können, dann vollendet sich diese Freiheit genau dort, wo sie nichts mehr für sich selbst tun können. Sie werden dann nämlich frei von sich selbst. «Die Befreiung», so Bonhoeffer geradezu unheimlich gottergeben eine Woche nach dem gescheiterten Attentat auf Hitler, an dessen Vorbereitung er beteiligt war, «liegt im Leiden darin, dass man seine Sache ganz aus den eigenen Händen geben und in die Hände Gottes legen darf. In diesem Sinne ist der Tod die Krönung der menschlichen Freiheit.»[61]

Zeit seines Lebens bleibt Dietrich Bonhoeffer ein Theologe auf der Suche nach einer tragfähigen Beschreibung und Verkörperung des christlichen Lebens. In keiner Phase seines Denkens, so unterschiedlich dessen Schattierungen auch sein mögen, zweifelt er daran, dass allein Christus das Dasein der Christinnen und Christen in eine wirklich heilsame Ruhe und in eine wirklich heilsame Unruhe versetzen kann – und zwar deshalb, weil Christus die allesbestimmende, ja die einzig wirkliche und so auch einzig wirksame Wirklichkeit ist.

Dabei kommen Christinnen und Christen nicht darum herum, zutiefst weltlich zu sein. Mit Weltflucht oder Weltfremdheit können sie eigentlich nichts im Sinn haben.

---

59   A. a. O., 432.
60   A. a. O., 333f. Hier klingt Martin Luthers Vorstellung eines *deus absconditus* an.
61   A. a. O., 549.

«[Denn es gibt] nicht zwei Wirklichkeiten, sondern *nur eine Wirklichkeit,* und das ist die in Christus offenbargewordene Gotteswirklichkeit. An Christus teilhabend stehen wir zugleich in der Gotteswirklichkeit und in der Weltwirklichkeit. Die Wirklichkeit Christi fasst die Wirklichkeit der Welt in sich. Die Welt hat keine eigene von der Offenbarung Gottes in Christus unabhängige Wirklichkeit. Es ist eine Verleugnung der Offenbarung Gottes in Jesus Christus, ‹christlich› sein zu wollen, ohne ‹weltlich› zu sein, oder weltlich sein zu wollen, ohne die Welt in Christus zu sehen und zu erkennen. Es gibt daher nicht zwei Räume, sondern nur *den einen Raum der Christuswirklichkeit,* in dem Gottes- und Weltwirklichkeit miteinander vereinigt sind.»[62]

Wenn nun Christus, der Ursprung und das Ziel aller Dinge, in der Mitte der Zeit zur Welt kommt und diese Welt für die letzte und eigentliche Wirklichkeit transparent werden lässt, dann zeigt sich, dass diese Welt nicht und niemals von Gott verlassen werden kann. Auch dann, wenn Menschen Christus nachfolgen und ihrerseits zur Welt kommen wollen, verlassen sie den Raum Gottes nicht, weil es Wirklichkeit und Weltlichkeit nicht ausserhalb, sondern nur innerhalb der letzten Wirklichkeit des göttlichen Christusraums gibt. Die Freiheit eines Christenmenschen ist also eine Freiheit, die den Menschen nicht von Gott entfernt, sondern ihn in einen Prozess der Verwandlung und Umgestaltung der Welt durch Gott hineinzieht.

Was es heisst, dass Gott in der Wirklichkeit und die Wirklichkeit in Gott Gestalt gewinnt, bringt Bonhoeffer in seiner «Ethik» in unterschiedlichsten Formulierungen zur Sprache. «Der Ausgangspunkt christlicher Ethik», so sagt er beispielsweise, «ist der Leib Christi, die Gestalt Christi in der Gestalt der Kirche, die Gestaltung der Kirche nach der Gestalt Christi.»[63] Gestaltung heisst «Gestaltgewinnen Jesu Christi in seiner

---

62 Dietrich Bonhoeffer, Ethik, DBW 6, 43f.
63 A. a. O., 85.

Kirche»⁶⁴, ohne dass Christus «ein Prinzip» wäre, «demgemäss alle Welt gestaltet werden müsste»⁶⁵. Vielmehr geht es darum, «dass der wirkliche Mensch die Gestalt Christi», des schlechthin Wirklichen, «empfange».⁶⁶ In der Ethik soll gesagt werden, «wie Christus unter uns heute und hier Gestalt gewinne»,⁶⁷ wie also «*die* Wirklichkeit in aller Wirklichkeit der ethischen Situationen»⁶⁸ zum Vorschein kommt. Ethische Gestaltung, so Bonhoeffer, gibt es nur von der Gestalt Jesu Christi aus:

> «[U]nd nun wiederum nicht so, dass die Lehre Christi oder die sogenannten Prinzipien in direkter Weise auf die Welt angewendet und die Welt nach ihnen gestaltet werden sollte. Gestaltung gibt es vielmehr allein als Hineingezogenwerden in die Gestalt Jesu Christi, als *Gleichgestaltung mit der einzigen Gestalt des Menschgewordenen, Gekreuzigten und Auferstandenen*. Das geschieht nicht durch Anstrengungen, ‹Jesus ähnlich zu werden›, wie wir es auszudrücken pflegen, sondern dadurch, dass die Gestalt Jesu Christi von sich aus so auf uns einwirkt, dass sie unsere Gestalt nach ihrer eigenen prägt (Gal 4,9). Christus bleibt der einzige Gestalter. Nicht christliche Menschen gestalten mit ihren Ideen die Welt, sondern Christus gestaltet die Menschen zur Gleichgestalt mit ihm.»⁶⁹

Nicht der Mensch mit seinen vorletzten Möglichkeiten, sondern Gott selbst, die letzte Wirklichkeit, ist also der Herr aller Weltgestaltung und der Herr allen Geschehens.

Wer sich in Bonhoeffers Nachdenken über «Ethik als Gestaltung» verwickeln lässt, wird trotz des deutlich hörbaren *cantus firmus* irgendwann merken, dass Bonhoeffers «Ethik»

---

64   A. a. O., 84.
65   A. a. O., 85.
66   A. a. O., 86.
67   A. a. O., 87.
68   So Heinrich Ott, Wirklichkeit und Glaube. Erster Band. Zum theologischen Erbe Dietrich Bonhoeffers, Zürich 1966, 243.
69   Dietrich Bonhoeffer, Ethik, DBW 6, 80f.

ein Laboratorium ist. In ihm wird mit unterschiedlichsten Metaphern und Modellen experimentiert, um die gedankliche Mitte sprachlich zu detektieren. Bonhoeffer ringt – etwa um die Unterscheidung und Zuordnung von göttlicher und kreatürlicher Wirklichkeit. Er fragt sich, wie menschliches und göttliches Handeln am adäquatesten in Einklang zu bringen sind, damit christliche *Ethik* wirklich als *christliche* Ethik Gestalt gewinnt. Er rätselt, wie es denkbar sein könnte, dass wir in Christus sind und Christus zugleich in uns ist. Und er ist längst nicht mit der Frage fertig, wie sich Christen und Christus zueinander verhalten, ob es also stärker die Identität oder die Differenz zu akzentuieren gilt.

Bereits in Bonhoeffers 1937 veröffentlichtem Buch «Nachfolge» zeigt sich, auf welch schmalem Grat Bonhoeffer bei all diesen Auslotungen balanciert und wie gross die Gefahr ist, dass er das Gleichgewicht verliert, das seine Theologie bis in sein letztes Lebensjahr hinein immer wieder gegen allzu hybride Identifikationen mit Christus stabilisiert. Am Ende der «Nachfolge» schreibt er:

> «Nun wird es begreiflich, dass das Neue Testament immer wieder davon spricht, dass wir sein sollen ‹wie Christus› (καθως Χριστος). Weil wir zum Ebenbilde Christi gemacht sind, darum sollen wir sein wie Christus. Weil wir Christi Bild schon tragen, darum allein kann Christus das ‹Vorbild› sein, dem wir folgen. Weil er selbst sein wahrhaftiges Leben in uns führt, darum können wir ‹wandeln gleichwie er gewandelt ist› (1Joh 2,6), ‹tun wie er getan› hat (Joh 13,15), ‹lieben wie er geliebt hat› (Eph 5,2; Joh 13,34; 15,12), ‹vergeben wie er vergeben hat› (Kol 3,13), ‹gesinnt sein wie Christus auch war› (Phil 2,5), darum können wir dem Beispiel folgen, das er uns gelassen hat (1Petr 2,21), unsere Leben lassen für unsere Brüder, wie er es für uns gelassen hat (1Joh 3,13). Allein darum können wir sein ‹wie Christus›, weil wir ihm gleichgemacht *sind*. Nun da wir zum Bilde Christi gemacht sind, können wir nach seinem Vorbild leben. Hier geschehen nun wirklich Taten, hier wird in der Einfalt der Nachfolge ein Leben gelebt, das Christus gleich

ist. Hier geschieht der schlichte Gehorsam gegen das Wort. Kein Blick fällt mehr auf mein eigenes Leben, auf das neue Bild, das ich trage. Ich müsste es in demselben Augenblick verlieren, in dem ich es zu sehen begehrte. Es ist ja nur der Spiegel für das Bild Jesu Christi, auf das ich unverwandt schaue. Der Nachfolgende sieht allein auf den, dem er folgt. Von ihm aber, der in der Nachfolge das Bild des menschgewordenen, gekreuzigten und auferstandenen Jesus Christus trägt, von ihm, der zum Ebenbild Gottes geworden ist, darf es nun zuletzt heissen, dass er berufen ist, ‹Gottes Nachahmer› zu sein. Der Nachahmer Jesu ist der Nachahmer Gottes. ‹So seid nun Gottes Nachahmer als die lieben Kinder› (Eph 5,1).»[70]

Hier tritt die innere Spannung einer Theologie zu Tage, die sich nicht vom Schatten der Versuchung lösen kann, das In-Christus-Sein in ein «Wie-Christus-Sein» umschlagen zu lassen und Christsein als Seinwollen wie Gott zu verstehen. Aber auch wenn die Versuchung gross ist, Christus durch das Christsein zu ersetzen: Bonhoeffer hält ihr insbesondere in seiner «Ethik» zunächst stand. Noch halten die Nähte, die in seiner Gefängniskorrespondenz platzen. Noch ist der Mensch nicht vom göttlichen Innen nach dem menschlichen Aussen gestülpt. Noch scheint die Blickrichtung klar: Christus ist und bleibt die letzte, in allem Sein und Tun des Menschen wirkende Wirklichkeit. Christus ist und bleibt als kraftvolle Präsenz der Zugrundeliegende, das *subiectum*[71] der Ethik, der Kirche und der Welt. Und die Gleichgestaltung mit Christus kann nur so geschehen, dass Christus sich in seiner Unwiderstehlichkeit gewissermassen der Welt aufdrängt und wie ein gewaltiges Gravitationszentrum auf diese Welt einwirkt. Wer unter dem Eindruck dieser Gravitation steht, spürt unzweifelhaft, wer im Regiment sitzt. Er lebt, wie Karl Barth einmal formuliert hat, «unter Verzicht auf die

---

70 Dietrich Bonhoeffer, Nachfolge, DBW 4, hg. v. Martin Kuske und Ilse Tödt, Gütersloh, 3., durchgesehene und aktualisierte Aufl. 2002, 304.
71 Lateinisch: das Zugrundeliegende.

falsche Meinung, er gehöre sich selbst»[72]. Er erkennt, dass die Rolle des Retters bereits vergeben ist. Er weiss, dass die Welt der Leib Christi, also im Grunde ein *corpus christianum* ist.

Die Auflösung dieses *corpus christianum* kann Bonhoeffer daher eigentlich nur als Verfall, also als Untergang des Abendlands diagnostizieren und diskreditieren. Der Säkularisierungsprozess der Neuzeit erscheint insbesondere im Kapitel «Erbe und Verfall» von Bonhoeffers «Ethik»[73] denn auch in keinem guten Licht. Wenn der Mensch den Leib Christi verlassen und sich von Gott trennen will, muss es, so Bonhoeffer, unweigerlich zur «Vergottung des Menschen» kommen. Diese Vergottung aber ist «die Proklamation des Nihilismus». Sie gebiert einen «hemmungslosen Vitalismus»[74], mit dem sich das Abendland «dem Nichts in die Arme»[75] wirft. Dieses Nichts wiederum ist «ein spezifisch abendländisches, das heisst ein aufrührerisches, gewalttätiges, gott- und menschenfeindliches Nichts», in dem sich die losgelassenen herrenlosen Gewalten gegeneinander austoben.[76] Es ist als Abfall von allem Bestehenden die höchste Entfaltung aller widergöttlichen Kräfte.»[77] Und das christusfeindliche[78] Abendland, in dem dieses «Nichts als Gott»[79] herrscht, steht mit «dem Verlust seiner durch die Gestalt Jesu Christi geschaffenen Einheit» buchstäblich «vor dem Nichts»[80]. «Die Aufgabe der Kirche ist ohnegleichen. Das corpus christia-

---

72 Karl Barth, Kirchliche Dogmatik Bd., IV/2, Zürich 1955, 893.
73 Dietrich Bonhoeffer, Ethik, DBW 6, 93–124.
74 A. a. O., 114.
75 A. a. O., 119.
76 A. a. O., 119. Siehe dazu Karl Barth, Das christliche Leben. Die kirchliche Dogmatik IV/4, Fragmente aus dem Nachlass, Vorlesungen 1959–1961 (Karl Barth Gesamtausgabe Bd. 7), hg. v. Hans Anton Drewes und Eberhard Jüngel, Zürich, 3. Aufl. 1999, 363–399.
77 Dietrich Bonhoeffer, Ethik, DBW 6, 119.
78 A. a. O., 123.
79 A. a. O., 119.
80 A. a. O., 118.

num ist zerbrochen. Das corpus Christi steht einer feindseligen Welt gegenüber.»[81]

Wohlgemerkt: Hier spricht nicht Rom. Hier schreibt ein junger protestantischer Gefangener der Nationalsozialisten, der als Verkünder eines religionslosen, die Mündigkeit der Welt vorbehaltlos bejahenden Christentums in die Geschichte der Theologie eingehen sollte.

Wie wurde aus diesem jungen Theologen, dessen Denken geradezu hochmittelalterliche, von keiner Zersetzung des sicher in Gott gegründeten Wirklichkeitsraums angekränkelte Züge trägt, der illusionslose Kreuzestheologe, der am 16. Juli 1944 abgeklärt aufgeklärt resümierte: «So führt uns unser Mündigwerden zu einer wahrhaftigeren Erkenntnis unserer Lage vor Gott. Gott gibt uns zu wissen, dass wir leben müssen als solche, die mit dem Leben ohne Gott fertig werden»[82]? Was brachte Bonhoeffer auf diese Idee einer Welt ohne Gott? Was nötigte ihn dazu, seine Theologie der «Nachfolge» zu einer Theologie der *imitatio Christi* ohne Christus zu radikalisieren? Was riss das Wirklichkeitsverständnis von Bonhoeffers «Ethik» aus den Angeln seines Gleichgewichts? – Das Leiden am Nichthandeln Gottes in einer Zeit, in der Deutschland zum Teufel ging und Bonhoeffers Befreiung aus der Haft immer unwahrscheinlicher wurde? Die bange Frage, was werden würde, wenn der Widerstand gegen Hitler nicht zum Erfolg des als letztes ethisches Mittel in Kauf genommenen Tyrannenmords führen würde? Der schwindende Glaube daran, «dass Gott aus allem, auch aus dem Bösesten, Gutes entstehen lassen kann und will»[83]?

Wer kam zu Bonhoeffer in seine Zelle und rüttelte plötzlich nicht nur an deren stählerner Tür, sondern auch an dem ehernen Frieden, der Gelassenheit und der Gewissheit, die Bonhoeffer bis dahin getragen hatten?

---

81 A. a. O., 123.
82 Dietrich Bonhoeffer, Widerstand und Ergebung, DBW 8, 533.
83 A. a. O. 30.

4
Tiefe Diesseitigkeit
Aufbruch zu einem religionslosen Christentum

> Wie aber, wenn das Christentum
> gar keine Religion wäre?[84]
>
> *Dietrich Bonhoeffer*

War Jesus von Nazaret religiös? Spricht Christus die Sprache der Religion? Und muss man als Mensch die Sprache der Religion sprechen, um verstehen zu können, wer Jesus Christus für die Menschen ist? Muss man religiös sein, um mit Christus etwas anfangen zu können? Was kann man von Gott erwarten? Was nicht? Erfüllt Christus die Bedürfnisse der Menschen nach ihrem Seelenheil? Oder geht es im christlichen Glauben um etwas völlig anderes?

Das sind die Fragen, die Dietrich Bonhoeffer in seiner Tegeler Zelle unermüdlich und unerbittlich umkreist. Und Monat für Monat mehr festigt sich im letzten Jahr von Bonhoeffers Leben die Überzeugung, dass man genau das, was religiöse Menschen von Gott zu erwarten pflegen, von Gott nicht erwarten kann, wenn man die Botschaft der Bibel wirklich ernst nimmt. Denn Gott ist kein jenseitiger, hinter der Welt über den Dingen stehender Erfüllungsautomat diesseitiger Wünsche. Er ist nicht der Generallöser der persönlichen Probleme der Menschen. Er eignet sich nicht zur Befriedigung existenzieller und spiritueller Identitätsbedürfnisse von Individuen. Bonhoeffers

---

84 Dietrich Bonhoeffer, Widerstand und Ergebung, DBW 8, 546.

These lautet vielmehr, dass «die Frage nach dem persönlichen Seelenheil uns allen fast völlig entschwunden» ist und «es wichtigere Dinge gibt, als diese Frage»[85] – nämlich «die Gerechtigkeit und das Reich Gottes auf Erden»[86]. Sie sind im Alten Testament aus Bonhoeffers Sicht «der Mittelpunkt von allem»[87]. Keinem Menschen, der ahnt, dass Religion nicht der Weg ist, der zu Gott führt, ist es also zu verdenken, wenn er der Religion den Rücken kehrt und nichts mehr von ihr erwartet.

Die Gewissheit, dass die Menschen, «so wie sie nun einmal sind, nicht mehr religiös»[88] sein können und also auch nicht auf Religion ansprechbar sind, artikuliert Bonhoeffer in seiner Gefängniskorrespondenz im Brustton einer Überzeugung, die ihn bis zu seinem Ende nicht mehr verlässt. Aus dieser Überzeugung erwächst für ihn eine theologische Aufgabe. Er will und muss die Frage beantworten, wie «Christus auch der Herr der Religionslosen werden»[89] kann.

Lässt man Bonhoeffers Briefe aus der Haft auf sich wirken, dann meint man zu spüren, welcher Stein ihm vom Herzen gefallen sein muss, als ihn die Erkenntnis der «tiefen Diesseitigkeit»[90] des christlichen Glaubens überfiel, ihn erdete und ihn den theologischen Sinn des sinnlichen In-der-Welt-Seins und des wirklich gelebten Lebens entdecken liess. Man meint geradezu fühlen zu können, wie gross die schwüle Unbehaglichkeit[91] gewesen sein muss, die ihn in weltfremden kirchlichen Sonderräumen beschlich. Im Mief und im Muff, in der

---

85 A. a. O., 415. Vgl. auch Christiane Tietz, Unzeitgemässe Aktualität, Religionskritik in Zeiten der «Wiederkehr der Religion», in: dies., «Die Spiegelschrift Gottes ist schwer zu lesen». Beiträge zur Theologie Dietrich Bonhoeffers, Dietrich Bonhoeffer Studien 2, Gütersloh 2021, 286–300, dort 299.
86 Dietrich Bonhoeffer, Widerstand und Ergebung, DBW 8, 415.
87 Ebd.
88 A. a. O., 403.
89 A. a. O., 404.
90 A. a. O., 541. Siehe auch 542.
91 A. a. O., 407.

moralinsauren Verklemmtheit und Sinnenfeindlichkeit dieser ungelüfteten klerikalen Sonderräume muss Bonhoeffer das Glück, die Gesundheit und die Vitalität, also alles Erhebende und Befreiende, schmerzlich vermisst haben.

Bonhoeffers Gedicht «Wer bin ich?» zeugt davon, dass sein Autor sich im Gefängnis von Tegel ebenso wie im Gefängnis des religiösen Milieus «unruhig, sehnsüchtig, krank, wie ein Vogel im Käfig» fühlte, «ringend nach Lebensatem, als würgte [ihm] einer die Kehle, hungernd nach Farben, nach Blumen, nach Vogelstimmen, dürstend nach guten Worten, nach menschlicher Nähe»[92]. Zweifellos wusste der Theologe Dietrich Bonhoeffer wie nach ihm die Dichterin Ingeborg Bachmann, dass es nichts Schöneres unter der Sonne gibt, als unter der Sonne zu sein.[93] Und so sehnte er sich nach Freiheit und frischer Luft und gelangte zur Überzeugung, dass kein anderer als Christus, wenn er wirklich der Weg, die Wahrheit und das Leben ist, in diese Freiheit erfüllter, mit allen Sinnen ausgekosteter Diesseitigkeit führen kann.

«Niemals», schreibt Bonhoeffer daher an Eberhard Bethge, «hat Jesus die Gesundheit, die Kraft, das Glück eines Menschen an sich in Frage gestellt und wie eine faule Frucht angesehen; warum hätte er sonst Kranke gesund gemacht, Schwachen die Kraft wiedergegeben?»[94] Wer also glaubt, in der Bibel «sei von Gesundheit, Glück, Kraft etc. nicht viel die Rede»[95], irrt. Wer denkt, Gott sei nur in einer Über- oder Hinterwelt jenseits der diesseitigen Welt zu finden und man könne von ihm nur «metaphysisch»[96] reden, täuscht sich. Und so schlägt Dietrich Bonhoeffer einen anderen Weg ein:

92 A. a. O., 514.
93 Ingeborg Bachmann, An die Sonne, in: dies., Sämtliche Gedichte, München, 2. Aufl. 1999, 146.
94 Dietrich Bonhoeffer, Widerstand und Ergebung, DBW 8, 504.
95 A. a. O., 548.
96 A. a. O., 414.

«[I]ch möchte von Gott nicht an den Grenzen, sondern in der Mitte, nicht in den Schwächen, sondern in der Kraft, nicht also bei Tod und Schuld, sondern im Leben und im Guten des Menschen sprechen. An den Grenzen scheint es mit besser, zu schweigen und das Unlösbare ungelöst zu lassen [...] Das ‹Jenseits› Gottes ist nicht das Jenseits unseres Erkenntnisvermögens! Die erkenntnistheoretische Transzendenz hat mit der Transzendenz Gottes nichts zu tun. Gott ist mitten in unserem Leben jenseitig.»[97]

Für Bonhoeffer besteht die Aufgabe der Theologie fortan darin, mit dieser Einsicht Ernst zu machen und von dem zu schweigen, wovon man nicht sprechen kann.[98] Dazu gilt es, die allzu geläufige Sprache von Theologie und Kirche zu verlernen und eine «neue Sprache»[99] durchzubuchstabieren, die keine Worte mehr für das Jenseitige, Transzendente und Überweltliche hat.

Bonhoeffers Überlegungen zu einer «nicht-religiöse[n] Interpretation biblischer Begriffe»[100] gehören zu den meistreflektierten und meistzitierten theologischen Texten des 20. Jahrhunderts. Mitunter werden sie geradezu andächtig nachgesprochen. Unter dem Eindruck von Bonhoeffers Schicksal nähern sich seine Weggefährten und Nachfahren seit drei Menschenaltern selbst den Ungereimtheiten und Unfertigkeiten von Bonhoeffers religionstheologischen Überlegungen mit fast heiliger Scheu.[101] In Bonhoeffers Religionskritik finden sich all jene wunderbar geborgen, die sich «irgendwie» nicht mehr mit den etablierten Inhalten und Formen des Christentums identi-

---

97 A. a. O., 407f.
98 So bekanntlich Ludwig Wittgenstein, Tractatus logico-philosophicus, Werkausgabe Bd. 1, Frankfurt am Main, 7. Aufl. 1990, 85.
99 Dietrich Bonhoeffer, Widerstand und Ergebung, DBW 8, 436.
100 A. a. O., 509.
101 Exemplarisch dafür ist Eberhard Bethges eigene Interpretation der «Theologie der mündigen Ohnmacht», insbesondere der Abschnitt, der die Überschrift «Die neuen Formeln» trägt. Siehe Eberhard Bethge, Dietrich Bonhoeffer, 958–1000, dort vor allem 969–996.

fizieren können, sich aber dennoch «irgendwie» als christlich einstufen und christlich engagieren wollen. Auch wenn sie Bonhoeffers Religionskritik vielleicht nicht im Detail verstehen – eines verstehen sie oder ahnen es zumindest: dass Bonhoeffer für einen Neuaufbruch steht und dass er die altgewordene Kirche zu neuen Ufern führen kann, weil er «einer [ist], der ermutigt, rechtzeitig aus versandenden Häfen auszufahren»[102]. Im Jahr 1966 schrieb Eberhard Bethge über Bonhoeffer:

> «Seine Gedanken entfalten die grösste Wirkung überall dort, wo in Gruppen und Zellen experimentiert wird, wo neue Gemeindestrukturen erprobt und Wagnisse politischer Solidarität eingegangen werden, wo volkskirchliche und gesellschaftsprivilegierte Bastionen verlassen, Fragen des Atheismus und der Kooperation mit Nichtchristen bei einer Humanisierung des Zusammenlebens akzeptiert werden.»[103]

So war es 1966. Und so ist es noch heute. Mit dem Unterschied, dass genau das, was Bethge noch als Ausnahme, Experiment und Wagnis vor Augen hatte, selbst leitenden Geistlichen der Volkskirche längst in Fleisch und Blut ihres ekklesiologischen Selbstverständnisses übergegangen ist. Mag man auch anderer Auffassung sein: Man schwimmt nicht mehr gegen den Strom, wenn man in Bonhoeffers Kielwasser unterwegs ist. Man gehört zum kirchlichen Mainstream.

Wie fast alles, was Bonhoeffer aus der Haft schreibt, sind auch die religionskritischen Passagen seiner Briefe das Gegenteil einer fertigen, durchgearbeiteten Theologie. Dennoch treten Bonhoeffers Gedanken zuweilen auf den Plan, als hegten sie keinen Zweifel an ihrer eigenen Letztgültigkeit. Die Unwiderstehlichkeit von Bonhoeffers Idee einer nichtreligiösen Inter-

---

102 A. a. O., 999.
103 Ebd.

pretation biblischer Begriffe verdankt sich massgeblich der Aura des Märtyrers, die insbesondere seine letzten Briefe umgibt.

Bonhoeffers Religionskritik ist aber auch noch aus einem anderen Grund attraktiv für religiös Musikalische wie für religiös Unmusikalische. Weil Bonhoeffers Theismus offenkundig nicht zur Gänze seiner Religionskritik zum Opfer fällt, können sich auch diejenigen mit Bonhoeffers Texten trösten, die zwar nicht Bonhoeffers Religionskritik, aber doch Bonhoeffer gut finden und sich deshalb auch nicht an der inneren Widersprüchlichkeit seiner Spättheologie stören, in der antireligiöse und religiöse Bekenntnisse einander abwechseln. Der aus Verehrung seiner Texte und gleichzeitiger Ausblendung ihrer Inkonsistenzen bestehende Bonhoeffer-Cocktail wird insbesondere von denjenigen gerührt oder geschüttelt, die sich für Bonhoeffers Erbe verantwortlich fühlen.[104] Nicht wenige Paraphrasierungen seiner Spättheologie gleichen daher eher Evangelienharmonien als kritischen Auseinandersetzungen. Dabei gerät vor lauter Bewunderung für Bonhoeffer und dessen mitunter geniale theologische Intuition aus dem Blick, dass der junge theologische Jongleur keineswegs immer alle Bälle in der Luft zu behalten vermag, sondern sich zuweilen in logische Widersprüche verstrickt und unter das hohe gedankliche Niveau herabsinkt, das die luzidesten Stellen seiner Texte, in denen er die «Abkehr

---

104 Vgl. insbesondere Wolfgang Huber, Dietrich Bonhoeffer. Auf dem Weg zur Freiheit. Ein Porträt, etwa 233–256. Siehe auch Christiane Tietz, «Die Spiegelschrift Gottes ist schwer zu lesen», sowie dies., Dietrich Bonhoeffer. Theologe im Widerstand, München, 2., durchgesehene Aufl. 2019. Siehe auch Sabine Dramm, Dietrich Bonhoeffer, 225–255, oder jüngst Heinrich Bedford-Strohm, Wo ist Gott in der Pandemie? Theologische Überlegungen aus Praxis und Reflexion kirchenleitenden Handelns, in: Evangelische Theologie 81/2021, Heft 2, 87–100, vor allem 96f über «Allmacht als Ohnmacht». Vgl. auch Michael Welker, Genialität und Vermächtnis, Dietrich Bonhoeffers frühe Dissertation von 1927 und seine letzten Texte aus der Haft, in: Zeitzeichen. Evangelische Kommentare zu Religion und Gesellschaft 21/2020, Heft 12, 54–56.

vom Phraseologischen zum Wirklichen»[105] eindrücklich vollzogen hat, so leuchten lässt.

Wenn man sich fragt, worin unabhängig vom ergreifenden Schicksal Dietrich Bonhoeffers die Grösse seiner Theologie besteht, dann stösst man auf die bereits beschriebene Unangefochtenheit eines Glaubens, der alle Reflexionen Bonhoeffers im Innersten zusammenhält, auf den göttlichen Grund alles theologischen Denkens fokussiert und dadurch ungeheuer souverän wirken lässt. Aber das ist nicht alles. In Bonhoeffer verbindet sich die Gabe der Geistesgegenwart mit einer Urteilsfähigkeit, die dieser junge Mann mangels Lebenserfahrung eigentlich gar nicht haben konnte, die ihm aber dennoch zu Gebote zu stehen schien. Dass er sich selbst und auch uns irgendwie voraus war, wie Barth notierte, schlägt sich gelegentlich in einem altklugen Gestus nieder, der glücklicherweise fast immer vom Eindruck eines souveränen Durchdringungsvermögens inner- und aussertextlicher Wirklichkeiten in den Schatten gestellt wird.

Bonhoeffer verfügte über eine Fähigkeit zum Prinzipiellen, auf die Wolfgang Huber in seiner Bonhoeffer-Biografie hingewiesen hat. Nicht selten, so Huber, gibt Bonhoeffer «seinen aus der zugespitzten politischen Situation geborenen Überlegungen eine Wendung ins Grundsätzliche.» Er spitzt seine Aussagen nicht nur «situationsbezogen zu, sondern hebt sie über die Situation hinaus und gibt ihr eine überzeitliche Bedeutung. Es handelt sich nicht mehr um eine *situative*, sondern um eine *prinzipielle Verschärfung*.»[106]

Verschärfen will Bonhoeffer insbesondere die Religionskritik Karl Barths. Sie geht ihm nicht weit genug.[107] Und so würdigt er Barths religionskritischen Neuansatz der «Kirchlichen

---

105 Dietrich Bonhoeffer, Widerstand und Ergebung, DBW 8, 397.
106 Wolfgang Huber, Dietrich Bonhoeffer. Auf dem Weg zur Freiheit, 147.
107 Dietrich Bonhoeffer, Widerstand und Ergebung, DBW 8, 404.

Dogmatik»[108] ein wenig gönnerhaft als Pionierleistung,[109] die er mit seiner eigenen Religionskritik allerdings in den Schatten zu stellen gedenkt. Barth nahm seinerseits im Blick auf Bonhoeffers Spättheologie kein Blatt vor den Mund. In seinem bereits zitierten Brief an Walter Herrenbrück äusserte er sich über Bonhoeffers Versuch, Religionskritik über Barth hinaus zu treiben, nahezu kabarettistisch:

«Nun hat er uns mit den änigmatischen Äusserungen seiner Briefe allein gelassen – nach mehr als einer Stelle eigentlich deutlich verratend, dass er zwar ahnte, aber keineswegs wusste, wie die Story nun eigentlich weitergehen solle: z. B. was er mit dem bei mir wahrgenommenen ‹Offenbarungspositivismus› ganz genau meinte, und erst recht: wie das Programm eines unreligiösen Redens zur Durchführung kommen sollte […] *Kann* er eigentlich etwas Anderes gemeint haben als eine Warnung vor allem christlichen Papperlapapp, vor allem unmeditierten Rezitieren biblischer und traditioneller Bilder, Redensarten, Begriffskombinationen, bei denen die ‹Welt› sich entscheidend darum nichts denken kann, weil der ‹religiöse› Redner oder Schreiber sich im Grunde selbst nichts oder doch nichts Ordentliches dabei denkt, sondern in der Meinung, das Zeug werde ja schon Gottes Wort sein, loslegt, wie es gerade jetzt wieder – ach Gott, es ist nicht bös gemeint […] – unter Tausenden von Weihnachtsbäumen geschehen mag? Sicher hat uns Bonhoeffer auch in dieser Hinsicht nichts Greifbares hinterlas-

---

108 Siehe Karl Barth, Kirchliche Dogmatik Bd. I/2, Zürich 1940, 304–396. Vgl. dazu auch Ernst Feil, Die Theologie Dietrich Bonhoeffers. Hermeneutik, Christologie, Weltverständnis, 4., durchgesehene und um ein 2. Nachwort ergänzte Aufl., München 1991, 324–354. Zur Prägung Bonhoeffers durch Barth vgl. Andreas Pangritz, Dietrich Bonhoeffer – wissenschaftlich verharmlost. Anmerkungen zu Gerhard Krauses Bonhoeffer-Artikel in der Theologischen Realenzyklopädie, in: Bonhoeffer-Rundbrief, Mitteilungen des Internationalen Bonhoeffer-Komitees, Sektion Bundesrepublik Deutschland, Nr. 17, Juli 1984, 2–17, dort 10.
109 Dietrich Bonhoeffer, Widerstand und Ergebung, DBW 8, 404, 415 und 480.

sen, und ich möchte fast meinen, dass es ihm selbst nicht greifbar vor Augen stand […] Gelt, Sie verstehen, dass ich ihn nicht loswerden will, wenn ich ihn ‹in etwa›, wie man so schön sagt, dem zurechne, was ich die ‹schwermütige Theologie der norddeutschen Tiefebene› zu nennen pflege?»[110]

Fundamental für Barths Religionskritik ist die Einsicht, dass «Religion mit ihrer Dogmatik, ihrem Kultus, ihren Lebensordnungen der primitivste oder vielmehr der intimste und intensivste Bestandteil der Technik [ist], mittelst derer der Mensch mit seinem Dasein fertig zu werden versucht»[111]. Auch Barth zufolge geht es also in der Religion gerade nicht um den Gott der Bibel. Die Götter der Religion sind vielmehr «nur die Spiegelbilder und Garanten des Bedürfnisses des in Wirklichkeit einsamen, auf sich selbst und sein eigenes Wollen, Ordnen und Schaffen angewiesenen Menschen»[112]. Der religiöse Glaube an einen *Deus ex machina*, von dem sich der religiöse Mensch die Erfüllung seiner persönlichen Wünsche verspricht, ist nichts anderes als Narzissmus und Egozentrismus, also «Unglaube»[113]. Barth entlarvt den Gott der religiösen Metaphysik – psychologisch gesprochen – als Selbstobjekt des Menschen. Wer die Religion als Wunschdenken durchschaut und ihr den Laufpass gibt, ist daher Barth zufolge nicht auf dem falschen, sondern aus christlicher Perspektive auf dem richtigen Weg der Abkehr vom Unglauben. Wenn also Menschen nicht mehr religiös sein können, dann ist das auch aus Barths Sicht gut so. Seine religionstheologische Devise lautet: «Gott statt Religion.»[114] Genau an diesem Punkt jedoch trennen sich Barths und Bonhoeffers

---

110 Karl Barth an Landessuperintendent Walter Herrenbrück am 22. Dezember 1952, a. a. O., 325ff.
111 Karl Barth, Kirchliche Dogmatik Bd. I/2, 337.
112 Ebd.
113 Ebd.
114 Siehe dazu Ralf Frisch, Alles gut. Warum Karl Barths Theologie ihre beste Zeit noch vor sich hat, Zürich, 5. Aufl. 2019, 137–159.

Wege. Denn während Barths Religionskritik den Weg für den ganz anderen Gott frei macht, der ganz anders agiert, als Menschen je agieren könnten oder wollten, fällt dieser ganz andere Gott Bonhoeffers Religions- und Metaphysikkritik gerade zum Opfer.

Dabei stellen beide, Bonhoeffer und Barth, dem religiösen Menschen letztlich dieselbe Diagnose: Barth sieht unter Bezugnahme auf die Religionskritik Ludwig Feuerbachs bereits vor Bonhoeffer, dass sich der Gott der Innerlichkeit und der religiösen Subjektivität als «Stück prolongierter Welt»[115], eben als Projektion dekonstruieren lässt. Und er sieht auch, dass der Gott des Theismus, an dem sich Bonhoeffer in seinen Gefängnisbriefen abarbeitet, der uralten Versuchung entspringt, sein zu wollen wie Gott selbst. Weil aber Gott selbst ganz anders ist, nämlich so, wie er sich in Christus als Menschgewordener, als Gekreuzigter und als Auferstandener mitten in unserem Leben zeigt, kann Religion nur Götzendienst und «geradezu *die* Angelegenheit des gottlosen Menschen»[116] sein.

Bonhoeffers Frage, «ob Religion Bedingung des Heils sei»,[117] hatte Barth also im Jahr 1940 längst verneint und damit hinter sich gelassen. Und Barth hatte, weil er es seit 1915 unermüdlich durchbuchstabierte, auch etwas anderes realisiert. Nämlich, dass weder Religion noch Religionskritik jemals erledigt sind, weil Menschen, so lange sie Menschen sind, anfällig für Ideologien bleiben. Er wusste, dass Religion Macht hat, weil es in ihr um Macht und um letzte Wahrheit geht, und dass Religion ein Medium ist, um menschliche Macht zu vergrössern. Er wusste, dass Menschen für Religion empfänglich sind, weil sie für Selbstverabsolutierungen, Selbstlegitimierungen und Selbstimmunisierungen empfänglich sind. Und so hielt er den Glauben, Menschen könnten jemals konsequent religionslos

---

115 Dietrich Bonhoeffer, Widerstand und Ergebung, DBW 8, 558.
116 Karl Barth, Kirchliche Dogmatik Bd. I/2, 327.
117 Dietrich Bonhoeffer, Widerstand und Ergebung, DBW 8, 406.

leben wollen, für eine Illusion. Denn Religion ist der «Glaube des Menschen an sich selbst»[118], den sich Menschen um keinen Preis der Welt nehmen lassen wollen. Religion entstammt «dem Bereich der Versuche des Menschen, sich vor einem eigensinnig und eigenmächtig entworfenen Bilde Gottes selber zu rechtfertigen und zu heiligen»[119], sich also mit einer Aura letzter Bedeutsamkeit zu umgeben. Wenn aber Religion letztlich Selbstverabsolutierung ist, dann ist Religion vom Menschen nicht wegzudenken.

Dass Bonhoeffer, der Gefangene des Dritten Reichs, das wesentlich von einer religiösen Aufladung seiner totalitären Ideologie zehrte, konstatieren konnte, man gehe einer «völlig religionslosen Zeit entgegen», deren Menschen «einfach, so wie sie nun einmal sind, nicht mehr religiös sein»[120] könnten, ist also ziemlich verwunderlich, wenn nicht völlig unbegreiflich.

Oder muss man diese Aussagen als Warnungen, also nicht deskriptiv, sondern normativ lesen? Forderte Bonhoeffer vielleicht gerade deshalb ein nichtreligiöses Selbstverständnis des Christentums der Zukunft, weil er gesehen, erkannt und am eigenen Leib erfahren hatte, in welch Teufels Küche entfesselte säkulare Religion und politische Theologie führen können? Ist seine Religionskritik am Ende geistesgegenwärtige Ideologiekritik aus staatsbürgerlicher Verantwortungsethik heraus? Muss er das Kind mit dem Bade, also mit der Religion die gesamte Metaphysik und irgendwann dann eben auch Gott ausschütten, weil die Berufung auf letzte, über jeden Zweifel erhabene Mächte nirgendwo anders hinführen kann als in einen totalitären Staat und in eine totalitäre Gesellschaft? Muss er das, was er als «religiös» bezeichnet, deshalb aus dem Christentum aussperren, weil Religion insbesondere im christlichen Abendland

---

118 Karl Barth, Kirchliche Dogmatik Bd. I/2, 343. Siehe dazu auch Eberhard Busch, Die grosse Leidenschaft. Einführung in die Theologie Karl Barths, Gütersloh, 2. Aufl. 2001, 153.
119 Karl Barth, Kirchliche Dogmatik Bd. I/2, 343.
120 Dietrich Bonhoeffer, Widerstand und Ergebung, DBW 8, 403.

untrennbar mit der Vorstellung eines höchsten und absoluten Wesens liiert ist, die irgendwann dazu führt, dass Menschen sich selbst für das höchste und absolute Wesen halten? Diese Befürchtung hegte Karl Barth.[121] Aber sie brachte ihn anders als Bonhoeffer nicht dazu, an Gottes machtvoller Eigendynamik zu rütteln.

Einig dagegen waren sich beide, Bonhoeffer und Barth, in ihrer theologischen Geringschätzung der ästhetisch-rituellen Dimension der Religion, wie sie im hochkirchlichen Luthertum, vor allem aber im römisch-katholischen Kultus zu beobachten ist, der Menschen in Gegenwirklichkeiten entführt. Im Blick auf Dietrich Bonhoeffer verwundert dies. Denn dass der Aufenthalt in alltagstranszendierenden religiösen Alternativräumen identitäts- und resilienzstärkend ist und die säkularisierende Beseitigung sinnlich erfahrbarer spiritueller Symbolwelten eine Form kultureller Umweltzerstörung darstellt, konnte dem nicht nur ethisch, sondern auch ästhetisch empfindenden und mönchisch-kommunitär veranlagten Bonhoeffer zumal vor dem Hintergrund seiner Konzeption des «Gemeinsamen Lebens»[122] nicht verborgen geblieben sein. Insbesondere die Erinnerung an erlebte Gottesdienste und zahllose Kirchenlieder rettete ihm in der Haft mehr als einmal das Leben seiner Seele. Dennoch thematisiert der späte Bonhoeffer die positive Funktion andersweltlicher Erfahrungen durch Religion im Kontext seines religionskritischen theologischen Neuansatzes nicht. Und er scheint auch kein Auge dafür haben zu wollen, dass an die Stelle religiöser Rituale unweigerlich profane Rituale treten, die auf ihre Weise religiöse Bedürfnisse erfüllen. Dabei hätte ein Blick auf den religiösen Kult der Nationalsozialisten genügt, um

---

121 Siehe dazu Karl Barth, Das christliche Leben. Die kirchliche Dogmatik IV,4, Fragmente aus dem Nachlass, Vorlesungen 1959–1961, Zürich, 3. Aufl. 1999, 363–399.
122 Dietrich Bonhoeffer, Gemeinsames Leben, DBW 5, hg. v. Gerhard Ludwig Müller und Albrecht Schönherr, München 1987, 13–102.

an der These irre zu werden, dass Menschen nicht mehr religiös sein können.

Nimmt man Bonhoeffers Religionskritik noch etwas genauer in Augenschein, dann fällt auf, dass Psychologie und Psychologiekritik einander in seiner Analyse die Hand reichen. Alle Versuche, dem Menschen die Notwendigkeit Gottes anzudemonstrieren, erscheinen Bonhoeffer psychologisch, moralisch und theologisch fragwürdig. Er ekelt sich geradezu vor der psychoanalytischen Suche nach den schmerzhaftesten Stellen am Seelenkörper eines Individuums. Und er ekelt sich auch vor dem unappetitlich «Pfäffische[n]»[123], also vor dem «Hinter-den-Sünden-der-Menschen-Herschnüffeln, um sie einzufangen»[124]. «Soziologisch gesehen», so Bonhoeffer, handelt es sich beim moralisch fragwürdigen voyeuristischen Herumstochern in der Intimsphäre des Menschen «um eine Revolution von unten, um einen Aufruhr der Minderwertigkeit»[125]. In Bonhoeffers Aversion gegen alle Ansinnen, Menschen an ihren schwächsten und verwundbarsten Punkten blosszustellen und mit ihrer Angewiesenheit auf Gott zu konfrontieren, kommt einmal mehr die Aversion des Aristokraten gegen das unvornehm Primitive zum Vorschein, das keine Intimsphären respektiert und sein Selbstbewusstsein aus der Macht bezieht, andere zu erniedrigen.[126]

Man hat fast den Eindruck, dass Bonhoeffer über sich selbst schreibt, wenn er die Abneigung gegen die Niedrigkeit auch zur Charaktereigenschaft des Wortes Gottes werden lässt:

---

123 Dietrich Bonhoeffer, Widerstand und Ergebung, DBW 8, 510, ganz im Sinne späterer Gedanken Michel Foucaults über die Pastoralmacht. Siehe dazu insbesondere Michel Foucault, Sexualität und Wahrheit. Vierter Band. Die Geständnisse des Fleisches, hg. v. Frédéric Gros, Berlin 2019.
124 Dietrich Bonhoeffer, Widerstand und Ergebung, DBW 8, 510.
125 Ebd.
126 Natürlich ist diese Aversion auch eine Aversion gegen die moralische Niedrigkeit der Nationalsozialisten.

«Dem Wort Gottes ist die Zudringlichkeit aller dieser Methoden viel zu unaristokratisch, um sich mit ihnen zu verbünden. Es verbündet sich nicht mit dem Aufruhr des Misstrauens, dem Aufruhr von unten. Sondern es regiert.»[127] Es regiert. Und es gönnt den Menschen ihre Kraft, ihre Stärke, ihre Freude und ihr Glück – anders als die Existenzphilosophen, Priester und Psychotherapeuten, für deren Strategien Bonhoeffer nur Verachtung übrig hat.

> «Sie legen es darauf an, den Menschen erst einmal in innere Verzweiflung zu treiben und dann haben sie gewonnenes Spiel. Das ist säkularisierter Methodismus. Und wen erreicht er? eine kleine Zahl von Intellektuellen, von Degenerierten, von solchen, die sich selbst für das Wichtigste auf der Welt halten und sich daher gern mit sich selbst beschäftigen. Der einfache Mann, der sein tägliches Leben in Arbeit und Familie und gewiss auch mit allerlei Seitensprüngen zubringt, wird nicht getroffen. Er hat weder Zeit noch Lust, sich mit seiner existenziellen Verzweiflung zu befassen und sein vielleicht bescheidenes Glück unter dem Aspekt der ‹Not›, der ‹Sorge›, des ‹Unheils› zu betrachten. Die Attacke der christlichen Apologetik auf die Mündigkeit der Welt halte ich erstens für sinnlos, zweitens für unvornehm, drittens für unchristlich.»[128]

---

127 Dietrich Bonhoeffer, Widerstand und Ergebung, DBW 8, 511f. Vgl. dazu Karl Barths berühmte Äusserung am letzten Abend seines Lebens. Siehe Karl Barth, Gesamtausgabe. Gespräche 1964–1968, hg. v. Eberhard Busch, Zürich 1997, 562.
128 Dietrich Bonhoeffer, Widerstand und Ergebung, DBW 8, 478. Ob man es hier mit einer Art Vatermord oder mit dem Gegenteil zu tun hat, ist nicht zu eruieren. Es ist allerdings aufschlussreich, wie wenig Dietrich Bonhoeffer bei aller Liebe und Verehrung mit der Profession seines Vaters, des berühmten Psychiaters, anfangen konnte, der seinerseits für Dietrichs Wunsch, Theologe zu werden, keine rechte Begeisterung aufzubringen vermochte. Andererseits teilte er mit ihm und mit der Psychiatrie seiner Zeit die Aversion gegen Psychoanalyse und Psychotherapie. Vgl. Sabine Dramm, Dietrich Bonhoeffer. Eine Einführung in sein Denken, Gütersloh 2001, 244.

Sinnlos ist diese Attacke Bonhoeffer zufolge auch deshalb, weil sie gerade dann scheitert, wenn die Menschen nicht an ihrem Dasein leiden, sondern mit ihm zufrieden sind und nicht genug von der Fülle dieses Daseins bekommen können. Wenn sie mit Religion nur die Befürchtung oder gar die Erfahrung verbinden, dass ihnen Priester und Pastoren ihr Dasein madig machen wollen, dann sind diese lebenssehnsüchtigen und lebensfrohen Menschen für die Religion, für die Kirche und für den christlichen Glauben verloren: «Gelingt es [...] nicht, den Menschen dahin zu bringen, dass er sein Glück als sein Unheil, seine Gesundheit als seine Krankheit, seine Lebenskraft als seine Verzweiflung ansieht und bezeichnet, dann ist das Latein der Theologen am Ende.»[129]

Genau gegen diese Strategien aber wandte sich auch Karl Barth in jeder Phase seines theologischen Denkens.[130] Barth geht es gerade nicht darum, die Unzulänglichkeiten des Menschen apologetisch als Anknüpfungspunkt für die Notwendigkeit Gottes auszuschlachten. Es geht ihm nicht darum, aus menschlichen Mängeln und Makeln theologisches Kapital zu schlagen. Es geht ihm vielmehr darum, die Stärken und Schwächen, die Licht- und Schattenseiten des Menschen im Licht der göttlichen Gnade zu reflektieren. Wie Bonhoeffer liegt ihm die Befreiung des Menschen zu einem gelassenen, engagierten, mit Gott versöhnten Leben im Diesseits am Herzen. Auch Barths Religionskritik hält also der Erde die Treue. Aber anders als dem Religionskritiker Dietrich Bonhoeffer ist es dem Religionskritiker Karl Barth darum zu tun, auch dem ganz anderen Gott die Treue zu halten, dem Bonhoeffer vor lauter Treue zur Erde am Ende die Treue zu kündigen droht.

Bonhoeffer ahnte, dass die Gottesfrage zur Sollbruchstelle zwischen ihm und Barth werden musste. Nicht von ungefähr

---

129 Dietrich Bonhoeffer, Widerstand und Ergebung, DBW 8, 504.
130 Siehe dazu etwa Heinrich Ott, Wirklichkeit und Glaube. Erster Band, 134.

nahm er Barths «Offenbarungspositivismus»[131] heftig unter Beschuss. Er konzediert zwar im Blick auf dessen Religionskritik, dass Barth «als einziger in dieser Richtung zu denken angefangen hat», beklagt aber zugleich, dass er «diese Gedanken dann doch nicht durchgeführt und durchdacht» habe, sondern zu einem Offenbarungspositivismus gekommen sei, «der letzten Endes doch im Wesentlichen Restauration geblieben ist. Für den religionslosen Arbeiter oder Menschen überhaupt ist hier nichts Entscheidendes gewonnen.»[132] Der Offenbarungspositivismus, so Bonhoeffer, macht es sich zu leicht, wenn er glaubt, nach dem Motto «Friss, Vogel, oder stirb!» verfahren zu können.[133] Und so lautet Bonhoeffers durchaus herablassendes Fazit im Blick auf Karl Barths Theologie:

«[I]n der nicht-religiösen Interpretation der theologischen Begriffe hat er keine konkrete Wegweisung gegeben, weder in der Dogmatik noch in der Ethik. Hier liegt seine Grenze und darum wird

131 Dietrich Bonhoeffer, Widerstand und Ergebung, DBW 8, 404.
132 A. a. O., 404f.
133 A. a. O., 415. Dazu Karl Barth mit hinreissender Komik: «Was das […] betrifft, so habe ich mich weder bei der Frage beruhigt, wann und wo ich wohl einem Vogel geboten haben sollte, die Jungfrauengeburt zu ‹fressen› oder zu ‹sterben›, noch auch bei der Frage, was wohl meine neocalvinistischen Gönner in Holland davon denken möchten, mich auf einmal als ‹Offenbarungspositivisten› vorgestellt zu bekommen, sondern ich bin ein bisschen errötet bei der Vorstellung, dass es immerhin *möglich* war, dass sich das Erinnerungsbild an meine Bücher (die er ja in seiner Gefängniszelle sicher nicht zur Hand gehabt hat) bei einem so gescheiten und wohlmeinenden Mann wie Bonhoeffer so gestalten *konnte*, wie es in jenem änigmatischen Ausdruck zum Vorschein kommt. Die Hoffnung bleibt übrig, dass er im Himmel wenigstens nicht *allen* Engeln (samt Kirchenvätern etc.) gerade unter Gebrauch dieses Ausdrucks über mich Bericht erstattet hat. Aber vielleicht *habe* ich mich tatsächlich gelegentlich ‹offenbarungspositivistisch› benommen und geäussert, und wenn dem so war, dann hat es die Sonne von Bonhoeffers Erinnerungsbild an den Tag gebracht.» Karl Barth an Walter Herrenbrück, a. a. O., 325f.

seine Offenbarungstheologie positivistisch, ‹Offenbarungspositivismus›, wie ich mich ausdrückte.»[134]

Hier zeigt sich bereits, wohin Bonhoeffers religionskritische Reise geht: in eine Welt nämlich, in der es keine Offenbarung Gottes mehr gibt. Bonhoeffers Attacke auf den Offenbarungspositivismus ist ein Angriff auf eine theologische Möglichkeit, die Bonhoeffer unter allen Umständen aus seinem Denken ausschliessen will – eben deshalb, weil er es nicht mehr für möglich hält, weiterhin an Gott als gegenwärtiges Gegenüber des Menschen zu glauben. Barths Theologie ist für Bonhoeffer deshalb so gefährlich, weil sie zeigt, dass man als Theologe religionskritisch denken kann, ohne die Idee eines göttlichen Gegenübers auf dem Altar dieser Religionskritik zu opfern. Barths Theologie ist das beste Beispiel dafür, dass man die sogenannte Religionslosigkeit der Religionslosen ernstnehmen und ihnen gegenüber «ganz ruhig und wie selbstverständlich Gott nennen»[135], also den Heiland verkündigen kann. Sie ist ferner das beste Beispiel dafür, dass die sogenannten Religionslosen ihrer effektiveren christlichen Umerziehung halber mitnichten von den Höhen ihres Lebens in dessen Niederungen gestürzt und «sozusagen religiös vergewaltig[t]»[136] werden müssen. Und sie ist auch das beste Beispiel dafür, dass die religionslos Glücklichen nicht erst in Identitätskrisen geführt zu werden brauchen, damit sie den Strohhalm des christlichen Glaubens als letzten Rettungsanker und einzige Antwort auf ihre Fragen ergreifen.

Die Pointe einer religionskritischen Theologie könnte also im Anschluss an Bonhoeffers eigenes Denken vor der Haft auch darin bestehen, den *cantus firmus* des Evangeliums schlicht hörbar werden zu lassen und den Menschen jeder geschichtlichen Gegenwart die grosse Freude zu verkündigen, dass alles gut ist –

---

134 Dietrich Bonhoeffer, Widerstand und Ergebung, DBW 8, 481.
135 A. a. O., 407.
136 A. a. O., 404.

ob sie es glauben oder nicht.[137] Religionslos oder religiös, weltlich oder fromm könnten diese Menschen dann unangekränkelt von kirchlichen und religiösen Überzeugungs-, Überredungs- und Moralisierungsversuchen im Licht des ihnen zugesagten Evangeliums ihrer Wege gehen.

Aber diesen Weg, welcher der Weg Karl Barths ist, will Bonhoeffer ganz offensichtlich nicht gehen. Und zwar deshalb nicht, weil er ihn für eine Sackgasse hält – ebenso, wie Barth seinerseits Bonhoeffers weitergehenden Weg der Religionskritik für eine Sackgasse hielt. Barths theologische Bearbeitung des Problems der Religion ist für Bonhoeffer je länger, je mehr nur noch eine problemerzeugende Lösung. Das, woran er noch in seiner «Ethik» festhält, dass nämlich die Wirklichkeit der Welt in der ganz anderen, letzten Wirklichkeit Gottes gründet und dass diese ganz andere, letzte Wirklichkeit in der Wirklichkeit der Welt zur Welt kommt, scheint der Gefangene von Berlin irgendwann nicht mehr glauben und nicht mehr denken zu können. Ihm schwebt anderes vor, nämlich ein grosser Vatermord, der womöglich sogar ein Doppelmord ist: ein symbolischer Mord am theologischen Übervater Karl Barth und ein Mord am göttlichen Vater selbst. Vielleicht ist es auch ein Dreifachmord, wenn man Bonhoeffers Kritik der Psychologie als Kritik der Profession seines Vaters interpretiert.

Wer derart schwere Geschütze auffährt, erweckt schnell den Verdacht, er könnte sich in einer Krise befinden. Und in der Tat denke ich, dass Bonhoeffer in Tegel in eine derartige Krise geriet – genauer gesagt in eine theologische Krise. Diese Krise, so glaube ich, reichte tiefer, als dass sie mit den Mitteln des christlichen Glaubens zu bewältigen gewesen wäre. Das zeigen insbesondere Bonhoeffers Versuche, theologische Auswege zu finden. Denn wer darauf verzichten will, von Gott «religiös»

---

137 Ich habe in meinem gleichnamigen Buch Barths Theologie in diesem Sinne interpretiert.

und «metaphysisch»[138] zu reden, läutet nicht nur den Anfang vom Ende der Religion, sondern auch den Anfang vom Ende der Theologie und letztlich auch den Anfang vom Ende des christlichen Glaubens ein. Theologie ist keine Theologie, und christlicher Glaube ist kein christlicher Glaube mehr, wenn Gott so sehr ins Diesseits gezogen wird, dass er als andersweltlicher, eigenmächtiger Akteur letztlich gestorben ist und keinen Mucks mehr machen kann.[139]

Man sollte also wissen, was man tut und worauf man sich einlässt, wenn man dem Religions- und Metaphysikkritiker Dietrich Bonhoeffer auf seinen Weg folgt. Und man sollte sich nichts vormachen. Man kann nicht dem metaphysischen Gott den Laufpass geben und sich zugleich von guten Mächten wunderbar geborgen in diesem Gott wiederfinden.

Ob sich Bonhoeffer selbst dessen bewusst ist, wenn er einerseits Gott vor lauter Diesseitigkeit aus den Augen verliert, und andererseits bekennt, Gott sei und bleibe «der Herr der Erde», der «unsere Gebete [erhört] und […] uns auf dem besten und geradesten Wege zu sich»[140] führt? Ob er sich dessen bewusst ist, wenn er religionskritische Sätze und tiefreligiöse Überzeugungen Hand in Hand gehen lässt, als wären beide einander nicht spinnefeind?

Ich will damit nicht sagen, dass Menschen nicht zwischen Gottesgewissheit und Gotteszweifel, zwischen Glaube und Nichtglaube und zwischen metaphysischer und nichtmetaphysischer Gestimmtheit hin- und hergerissen sein können. Gerade dieses Hin- und Hergerissensein kann ja Zeichen einer grossen spirituellen Ernsthaftigkeit und überdies Ausdruck existenzieller Redlichkeit sein. Und so ist es sehr wohl denkbar,

---

138 Dietrich Bonhoeffer, Widerstand und Ergebung, DBW 8, 414.
139 Zu Gott als Akteur siehe Günter Thomas, Gottes Lebendigkeit. Beiträge zur Systematischen Theologie, Leipzig 2019. Vgl. auch ders., Im Weltabenteuer Gottes leben. Impulse zur Verantwortung für die Kirche, Leipzig 2020.
140 Dietrich Bonhoeffer, Widerstand und Ergebung, DBW 8, 569.

dass die widersprüchlichen Aussagen in Bonhoeffers Gefängniskorrespondenz Bonhoeffers eigenes theologisch-metaphysisches Hin- und Hergerissensein zwischen den Extremen der Gottesbeziehung offenbaren. Nichtsdestotrotz bleibt es dabei: Ein kohärentes systematisch-theologisches Konzept wird aus dem unvermittelten Nebeneinanderstellen von metaphysischen und metaphysikkritischen Sätzen nicht – auch nicht durch das Zauberwort Dialektik.

Oder überwindet womöglich ein anderes Zauber- oder vielmehr Rätselwort, nämlich der von Bonhoeffer hin und wieder bedeutsam geraunte Begriff der Arkandisziplin[141], die unvereinbaren Alternativen in Bonhoeffers Denken?

---

141 A. a. O., 405 und 415.

5
Verborgene Phantasien
Gralsrittertum und nichtöffentliche Theologie

> Es [...] muss eine Arkandisziplin wiederhergestellt werden, durch die die Geheimnisse des christlichen Glaubens vor Profanierung behütet werden.[142]
>
> *Dietrich Bonhoeffer*

Dietrich Bonhoeffers Bemerkung über die Arkandisziplin, durch die Kultus und Gebet auch in einer religionslosen Welt überleben, wirkt im Kontext seiner Religionskritik eigenartig erratisch und geradezu unheimlich reaktionär.[143] Denn eine der Pointen von Bonhoeffers Religionskritik liegt ja gerade darin, allen Versuchen zu widerstehen, «einen Raum für Religion in der Welt oder gegen die Welt auszusparen»[144]. Diese Vorstellung des einen Christusraums[145] ist zutiefst nicht-lutherisch. Aber sie prägt schon die «Ethik» des Lutheraners Dietrich Bonhoeffer:

---

142 Dietrich Bonhoeffer, Widerstand und Ergebung, DBW 8, 415.
143 Entsprechend bemüht wirken denn auch die Versuche, Bonhoeffers Nachdenken über eine Arkandisziplin in sein religionskritisches Denken einzupassen. Vgl. etwa Paul L. Lehmann, Glaube und Weltlichkeit bei Dietrich Bonhoeffer, in: Eberhard Bethge, Paul van Buren, Paul Lehmann und Peter Neumann, Glaube und Weltlichkeit bei Dietrich Bonhoeffer, 36–53, dort insbesondere 50–53.
144 Dietrich Bonhoeffer, Widerstand und Ergebung, DBW 8, 480.
145 Den Hinweis auf den einen Christusraum verdanke ich Günter Thomas, der mir Einsicht in einen unveröffentlichten Vortrag mit dem Titel «‹the one realm of the Christ-reality›: A Critical Examination of a Powerful Theological Insight» gewährt hat.

«[Es gibt] kein wirkliches Christsein ausserhalb der Wirklichkeit der Welt und keine wirkliche Weltlichkeit ausserhalb der Wirklichkeit Jesu Christi [...] Es gibt keinen Rückzugsort des Christen von der Welt, weder äusserlich noch in der Sphäre der Innerlichkeit.»[146]

Diesen Rückzugsort gibt es deshalb nicht, weil es ja eben «nicht zwei Wirklichkeiten, sondern *nur eine Wirklichkeit*, [...] die in Christus offenbargewordene Gotteswirklichkeit in der Weltwirklichkeit»[147] und «nicht zwei Räume, sondern nur *den einen Raum der Christuswirklichkeit*»[148] gibt.

Aus dieser christologischen Konzeption folgt ekklesiologisch, dass der «Raum der Kirche [...] nichts für sich selbst Bestehendes, sondern etwas immer schon weit über sich Hinausgreifendes [ist], eben weil es nicht der Raum eines Kultvereins ist, der um seinen eigenen Bestand in der Welt zu kämpfen hätte»[149]. Bonhoeffers Ekklesiologie des einen, mit dem Raum der Welt identischen Christusraums fügt sich passgenau in sein Plädoyer für ein religionsloses Christentum, dessen Implikation, Konsequenz und vielleicht sogar Voraussetzung sie ist.

Dass Bonhoeffer in diesem Zusammenhang seinen Spott etwa über den Lutheraner Paul Althaus ausgiessen muss, ist nur logisch. Althaus, so Bonhoeffer, «versuchte, der Welt einen Raum lutherischer Lehre (Amtes) und lutherischen Kults abzugewinnen und überliess im Übrigen die Welt sich selbst»[150]. Anders Bonhoeffer selbst. Er will die Welt mitnichten sich selbst überlassen, sondern dem «Rad [...] in die Speichen fallen»[151] und kann die Kirche Jesu Christi daher nicht als eine Sammlungs-

---

146 Dietrich Bonhoeffer, Ethik, DBW 6, 47.
147 A. a. O., 43.
148 Ebd.
149 A. a. O., 49.
150 Dietrich Bonhoeffer, Widerstand und Ergebung, DBW 8, 480.
151 So Dietrich Bonhoeffer, Berlin 1932–1933, DBW 12, hg. v. Carsten Nicolaisen und Ernst-Albert Scharffenorth, Gütersloh 1997, 353f im Aufsatz über «Die Kirche vor der Judenfrage», dort 349–358. Siehe

bewegung verstehen, in der etwa ein anderweltliches Evangelium stellvertretend für die Welt bezeugt wird. Vielmehr muss er sie als Sendungsbewegung verstehen. «Das eigentliche Ziel der Kirche ist nicht mehr, Menschen aus der Welt herauszuführen, sondern Menschen in die Welt zur Verwandlung der Welt zu senden.»[152] Indem aber die Kirche auf diese Weise sich selbst verlässt, droht sie sich als religiöse, als kultische und letztlich auch als theologische Akteurin aufzugeben. Im säkularen Sendungschristentum spielen theologische Äusserungen denn auch oft genug nur die Rolle von Weihworten und Motivationsverstärkern des humanitären Handelns.

Wie kommt Bonhoeffers Nachdenken über die Arkandisziplin vor diesem Hintergrund der Weltwerdung der Kirche zu stehen? Wie passt sein Sinnieren über «Stufen der Erkenntnis und Stufen der Bedeutsamkeit»[153], über die Bewahrung und Behütung der «Geheimnisse des christlichen Glaubens vor Profanierung»[154] und über Kultus und Gebet[155] zum Plädoyer für ein religionsloses und zutiefst weltliches Christentum?

Bereits in seinem Buch «Nachfolge» hatte Bonhoeffer Sympathie für die Kirche der Patristik gezeigt, «die im Taufkatechumenat so sorgsam über die Grenze zwischen Kirche und Welt, über der teuren Gnade wachte»[156]. Unterminiert er auch in «Widerstand und Ergebung» seinen religionskritischen Ansatz, indem er am Ende doch mit einer innerweltlichen Grenzziehung zwischen einem Bereich der vorletzten und einem Bereich der letzten Dinge, zwischen heiligem und profanem Raum lieb-

---

dazu auch Renate Wind, Dem Rad in die Speichen fallen. Die Lebensgeschichte des Dietrich Bonhoeffer, Gütersloh, 10. Aufl. 2006.
152 So Günter Thomas, Im Weltabenteuer Gottes leben, 106, unter ausdrücklicher Bezugnahme auf Dietrich Bonhoeffers Gefängnisbriefe.
153 Dietrich Bonhoeffer, Widerstand und Ergebung, DBW 8, 415.
154 A. a. O., 415. Das lateinische Substantiv «arcanum» bedeutet wörtlich «Geheimnis».
155 A. a. O., 405.
156 Dietrich Bonhoeffer, Nachfolge, DBW 4, 40f.

äugelt? Wird Dietrich Bonhoeffer sich untreu? Verbirgt sich hinter seiner vordergründig religionskritischen Theologie womöglich eine apophatische alttestamentliche, mystische oder hermetische Theologie der «Unaussprechlichkeit des Namens Gottes»[157]? Und würde Bonhoeffer, wenn die Scheu vor der Verschleuderung des heiligen Namens und des Geheimnisses Gottes der eigentliche Beweggrund seiner Religionskritik wäre, nicht auch etwas ganz anderes verraten, nämlich wes elitären, aristokratischen und antidemokratischen theologischen Geistes Kind er wirklich ist? Sollte am Ende tatsächlich eine Art Zwei-Klassen- oder Zwei-Stufen-Christentum die Pointe von Bonhoeffers Religionskritik sein? Kann man seine Aussage, dass es nur wenige gibt, die «an Christus teilhabend [...] zugleich in der Gotteswirklichkeit und in der Weltwirklichkeit stehen»[158], dahingehend lesen? Wäre aber dann nicht die Religionskritik gerade das Uneigentliche und Unwesentliche von Bonhoeffers Spättheologie, während das Eigentliche und Wesentliche für die Augen all derjenigen unsichtbar bliebe, die keinen Einlass ins Allerheiligste von Bonhoeffers Gedanken erhalten und so der optischen Täuschung erliegen, der mit der Arkandisziplin flirtende kryptokatholische Bonhoeffer sei ein Protestant?

Man mache sich klar, in welches Terrain man gerät, wenn man Bonhoeffer auf seinen Weg ins Arkanum folgt. Es ist das Terrain, vor dessen Betreten Bonhoeffer in seiner «Ethik» nachdrücklich warnt, als er schreibt: «Alles wäre verdorben, wollte man Christus für die Kirche aufbewahren, während man der Welt nur irgendein, vielleicht christliches, Gesetz gönnt.»[159] Es ist das Terrain einer Kirche der *chosen few* und der aristokratisch-elitären Initiierten, die im Arkanum als priesterliche Eingeweihte fern aller volkskirchlichen Niederungen, hoch über

---

157 Dietrich Bonhoeffer, Widerstand und Ergebung, DBW 8, 226. Vgl. auch 197 u. ö.
158 Dietrich Bonhoeffer, Ethik, DBW 6, 43.
159 A. a. O., 53.

allen säkularen Tiefebenen und römischer als der römischste Katholizismus die religiösen Geheimnisse hüten – und die genau deshalb dazu autorisiert sind, weil sie anders als die gewöhnlicheren anderen wirklich «an Christus teilhaben».

Sollte Dietrich Bonhoeffers Theologie tatsächlich die Deutungsmöglichkeit eines derartigen Sonderchristentums eröffnen, das – horribile dictu! – letztlich eine Art «Herrenchristentum» besonders leistungsfähiger Christen wäre? Grundsätzlich wäre das vorstellbar – zumal vor dem Hintergrund von Bonhoeffers bereits beschriebenem elitären Selbstverständnis. Es wäre aber auch vor dem Hintergrund seiner Äusserungen über das Gewöhnliche, über den «Pöbel» und die «Verpöbelung»[160] und über seinen Ekel vor dem «Gewürm»[161] denkbar. Wer vor diesen Äusserungen Bonhoeffers die Augen verschliesst und sich damit zu beruhigen sucht, dass der Gefangene von Tegel an diesen Stellen seiner Korrespondenz natürlich nur auf die moralische Niedrigkeit der Nazis habe anspielen wollen und im Übrigen innerhalb der Leitplanken dessen geblieben sei, was heute als moralisch, politisch und theologisch korrekt gilt, könnte sich etwas vormachen. Denn kann man Dietrich Bonhoeffer tatsächlich unproblematisch und undialektisch als theologischen Herold der Demokratie und der universalen Inklusion in den Dienst der eigenen Überzeugungen nehmen?

Ich bezweifle das mit Verweis auf Bonhoeffers Vision einer aristokratischen Erweckung, die er in seiner «Rechenschaft an der Wende zum Jahr 1943» zur Sprache bringt:

> «In anderen Zeiten mag es die Sache des Christentums gewesen sein, von der Gleichheit der Menschen Zeugnis zu geben; heute wird gerade das Christentum für die Achtung menschlicher Distanzen und menschlicher Qualität leidenschaftlich einzutreten haben. Die Missdeutung, als handle man in eigener Sache, die

---

160 Dietrich Bonhoeffer, Widerstand und Ergebung, DBW 8, 32.
161 A. a. O., 588.

billige Verdächtigung unsozialer Gesinnung, muss entschlossen in Kauf genommen werden. Sie sind die bleibenden Vorwürfe des Pöbels gegen die Ordnung. Wer hier weich und unsicher wird, begreift nicht, worum es geht, ja vermutlich treffen ihn die Vorwürfe sogar mit Recht. Wir stehen mitten in dem Prozess der Verpöbelung in allen Gesellschaftsschichten und zugleich in der Geburtsstunde einer neuen adligen Haltung, die einen Kreis von Menschen aus allen bisherigen Gesellschaftsschichten verbindet.»[162]

Warum sollten in diesem Kreis erweckter christlicher Edelmenschen nicht auch Religion und Kult vor ihrer qualitätsmindernden Verschleuderung an den womöglich unwürdigen *Klerus minor* des Priestertums aller Getauften bewahrt werden? Warum sollte Bonhoeffers geistlich-geistiger Adel nicht das Äquivalent arkaner Gralsritter darstellen? Aber wenn dem so sein sollte, was geschieht dann mit dem Rest der Christenheit und der Menschheit? Was geschieht mit denjenigen, die keinen Einlass ins Allerheiligste des Arkanum erhalten? Werden sie vielleicht doch abgespeist? Und falls ja, womit? Mit ein wenig Sozialmoral? Mit Gesetzlichkeit und Verboten? Mit einem jesuanisch veredelten Humanismus? Mit ethischen Surrogaten und Substituten von Religion, die die Sehnsucht nach der echten, der arkanen Aristokratie vorbehaltenen Religion womöglich erst recht wecken? Mit öffentlicher Theologie, die derart niederschwellig ist, dass spirituell Anspruchsvollere über ihre Banalität den Kopf schütteln und sich religiös Ernsthafterem und vielleicht sogar Elitärerem zuwenden?

Man könnte sich nun über dieses Szenario empören und Bonhoeffer energisch dem Sog einer solchen Spekulation entreissen. Aber was geschieht dann? Hält man in diesem Fall nicht erst recht nur noch den säkularisierbaren Rest der christlichen Botschaft in Händen, nachdem einem der Glaube an die letzten Dinge durch die Finger geronnen und die Substanz des entwe-

---

162 A. a. O., 32.

der dem Arkanum vorbehaltenen oder für alle zu verkündigenden Christlichen in der Erde des Vorletzten versickert ist? Besteht nicht tatsächlich die Gefahr, dass mit dem Arkanum auch der Glaube an die letzte Wirklichkeit aus der theologischen Gleichung herausgekürzt wird und man Christus weder für die Kirche noch für die Welt «aufbewahrt», sondern der Kirche *und* der Welt nur das profane Gesetz des Humanismus gönnt?

Vor der reaktionär lutherischen, römischen oder gar freimaurerischen Idee einer Arkandisziplin zucken zivilgesellschaftlich engagierte Protestantinnen und Protestanten, die sich auf Bonhoeffer berufen, naturgemäss entsetzt zurück. Weniger stark zucken sie derzeit vor der Vision einer Kirche als gewissermassen mobiler prophetischer Eingreiftruppe zurück. Aber natürlich figuriert auch die NGO-Kirche als funktionales Äquivalent eines Arkanum. Als politisch-moralische säkulare Überchristen sind die Helden und Heldinnen der Weltrettung ihrem Selbstverständnis nach ja ebenso aristokratische Gralsritter des einzig Wahren wie jene, die in ihrem gesellschaftsfernen Allerheiligsten ihren priesterlichen Kult zelebrieren. Aber wer wollte den moralistisch und kirchlich Aktiven ihren Stolz verdenken, im Auftrag des Allerdringlichsten unterwegs zu sein? Ist die zivilgesellschaftlich engagierte Kirche der wenigen, womöglich jungen und fitten moralisch leistungsfähigen Guten, Gerechten und Reinen nicht eine viel attraktivere und spektakulärere Kirche als die Kirche des gewöhnlichen Volks, in der es säuerlich ungut nach Alter, Gebrechlichkeit und Tod, nach Alltäglichkeit und Durchschnittlichkeit, nach Unbeweglichkeit und Langeweile, nach Mutlosigkeit und Angst vor Veränderung – eben nach Rechtfertigung allein aus Gnade riecht? Ist die ewig junge donatistische Versuchung einer moralisch makellosen *ecclesia regenitorum*, die Augustin und nach ihm Martin Luther vehement bekämpften, nicht ungleich verführerischer als die Befreundung mit einem *mixtum compositum* unterschiedlicher menschlicher Unzulänglichkeiten? Ist die uralte pelagianische Zuversicht der Schuldbeseitigung und Heiligung durch eigene

Verdienste und aus eigener Kraft nicht viel frischer, vitaler und zukunftszugewandter als Augustins und Luthers Pessimismus im Blick auf die Selbst- und Weltverwandlungsmöglichkeiten des Menschen? Ist es nicht viel zeitgemässer und verantwortlicher, unter Berufung auf Dietrich Bonhoeffer das Feuer der Leidenschaft für die grosse und attraktive Transformation der Volkskirche in eine Bewegung der jungen, starken und kraftstrotzenden welt- und volksveränderungswilligen Vitalen zu entfachen? Ist es nicht die «makellose Kirche» ohne «Unschönheit, […] Runzeln und Flecken»[163], der die Zukunft gehört?

Wer geneigt ist, all diese Fragen mit leuchtenden Augen und einem entschlossenen Ja zu beantworten, möge sich allerdings auch die andere Frage stellen – die Frage, wer uns mitten aus der so zu Ende gedachten Theologie Dietrich Bonhoeffers heraus da ins Auge starrt, in welche Gesellschaft wir geraten und welcher ideologischen Versuchung wir erliegen, wenn wir das Hohelied einer Überkirche der kraftstrotzend Jungen, unanfechtbar Guten und heldenhaft Starken singen.

---

163 So Karl Barth über die Versuchung einer Kirche, in der es «nicht mehr ‹menschelt›». Karl Barth, Dogmatik im Grundriss, Zürich, 13. Aufl. 2020, 169.

6

Kirchendämmerung

Die Transformation der Transzendenz und ihr Preis

> Das «Für-andere-dasein» Jesu
> ist die Transzendenzerfahrung![164]
>
> *Dietrich Bonhoeffer*

In seinem Brief vom 30. April 1944 spielt Dietrich Bonhoeffer mit dem Gedanken, Religion könne womöglich «nur ein Gewand des Christentums»[165] sein. Was aber kommt zum Vorschein, wenn der christliche Glaube dieses Gewand auszieht? «[W]as ist [...] ein religionsloses Christentum?»[166]

Im Folgenden will ich insbesondere die ekklesiologische Tragweite dessen vor Augen führen, wozu sich Dietrich Bonhoeffer in der zweiten Hälfte des Jahres 1944 theologisch versteigt. Dabei geht es vor allem um Bonhoeffers Dekonstruktion des Transzendenzbegriffs.

Bonhoeffer trifft Anfang August 1944 in seinem «Entwurf für eine Arbeit»[167] eine folgenschwere Entscheidung. Er kippt dort nämlich die gesamte religiöse und metaphysische Architektur des christlichen Glaubens aus der Vertikalen in die Horizontale. Transzendenz heisst für Dietrich Bonhoeffer fortan

---

164 Dietrich Bonhoeffer, Widerstand und Ergebung, DBW 8, 558.
165 A. a. O., 404.
166 Ebd.
167 A. a. O., 556–561.

nicht mehr, dass Gott als jenseitige, nichtweltliche Wirklichkeit die Wirklichkeit der Welt umgibt. Transzendenz heisst auch nicht mehr, dass Gott aus seiner Sphäre in die Welt hinüber geht, also als Gott zur Welt kommt. Transzendenz heisst einzig und allein, dass Menschen sich auf andere Menschen zubewegen. Bonhoeffer überführt die Transzendenz des Mensch werdenden Gottes in die «rein ethische»[168], besser gesagt «soziale Transzendenz»[169] des «Mensch für andere»[170] werdenden Menschen. Das «‹Für-andere-dasein› Jesu ist die Transzendenzerfahrung!»[171] «Gott» und «Transzendenz» sind dann nur andere Namen für das Für-andere-Dasein von Menschen. Und so stellt Bonhoeffer – der Logik und der Rhetorik prinzipieller Verschärfung folgend – fest: «Die Kirche ist nur Kirche, wenn sie für andere da ist.»[172]

Man darf diesen vielzitierten Satz nicht unterschätzen. Mit ihm ruft Bonhoeffer die εκκλησια[173] aus ihrem empirischen und theologischen Sonderraum heraus. Mit ihm avisiert Bonhoeffer das Ende einer Kirche, die sich im Sinne der 1900-jährigen Tradition des Christentums als sichtbare Gestalt von Religion begreift. Bonhoeffers Satz, Kirche sei nur Kirche, wenn sie Kirche für andere ist, annonciert die Gegenstandslosigkeit einer εκκλησια, die sich in einem Wirklichkeitsraum jenseits des irdisch-weltlichen Wirklichkeitsraums aufgehoben glaubt. Er reisst die Grenze zwischen Kirche und Welt nieder. Das Gestaltgewinnen Jesu Christi in der Kirche ist nur der Anfang eines Gestaltgewinnens Jesu Christi in der Welt. «Die Kirche ist nichts als das Stück der Menschheit, in dem Christus

---

168 So formuliert Bonhoeffer schon in seiner Dissertationsschrift «Sanctorum Communio. Eine dogmatische Untersuchung zur Soziologie der Kirche». Siehe DBW 1, hg. v. Joachim von Soosten, München 1986, 31.
169 Eberhard Bethge, Dietrich Bonhoeffer, 998.
170 Dietrich Bonhoeffer, Widerstand und Ergebung, DBW 8, 559.
171 A. a. O., 558.
172 A. a. O., 560.
173 A. a. O., 405.

Gestalt wirklich gewonnen hat. Es geht ganz und gar um die Gestalt Jesu Christi und um keine Gestalt neben ihm.»[174] Die Königsherrschaft Christi ist dann vollkommen, wenn Christus die Welt ganz durchdringt.

Dieses charakteristisch neuzeitliche und charakteristisch reformierte Kirchenreformprogramm ist nicht weniger ambitioniert als die ehrgeizigsten Weltherrschaftspläne des mittelalterlichen Papsttums. Bonhoeffers Vision einer Kirche für andere zielt ebenso auf eine Verchristlichung der Welt, also auf ein *corpus christianum*, wie die Kirchenpolitik des Hochmittelalters. Zwar mit anderen, eben säkularen Mitteln und Medien und nicht mehr sichtbar kirchlich und religiös, sondern auf dem anonym-christlichen Weg der Durchsetzung eines humanitären Weltethos. Dafür unter modernen Bedingungen umso plausibler.

Die kircheninstitutionellen Konsequenzen von Bonhoeffers Transformation der Transzendenz sind gravierend – nicht zuletzt deshalb, weil Bonhoeffer keinen Zweifel daran lässt, dass die zivilgesellschaftliche Kirche für andere das Ende der Volkskirche darzustellen hat. «Zum Heiligen der Volkskirche», so Wolfgang Huber, «eignet er sich nicht.»[175] Unmittelbar nach dem suggestiven Programmsatz, Kirche sei nur Kirche, wenn sie auch Kirche für andere ist, schreibt Bonhoeffer:

«Um einen Anfang zu machen, muss [die Kirche] alles Eigentum den Notleidenden schenken. Die Pfarrer müssen ausschliesslich von den freiwilligen Gaben der Gemeinden leben, eventuell einen weltlichen Beruf ausüben. Sie muss an den weltlichen Aufgaben

---

174 Dietrich Bonhoeffer, Ethik, DBW 6, 84.
175 So Wolfgang Huber, «Was das Christentum oder auch wer Christus für uns heute eigentlich ist». Dietrich Bonhoeffers Bedeutung für die Zukunft der Christenheit, in: Christian Gremmels und Ilse Tödt (Hg.), Die Präsenz des verdrängten Gottes. Glaube, Religionslosigkeit und Weltverantwortung nach Dietrich Bonhoeffer, Internationales Bonhoeffer Forum Forschung und Praxis, Bd. 7, München 1987, 87–100, 89.

des menschlichen Gemeinschaftslebens teilnehmen, nicht herrschend, sondern helfend und dienend. Sie muss den Menschen aller Berufe sagen, was ein Leben mit Christus ist, was es heisst, ‹für andere dazusein›.»[176]

Wie elegant und wie konsistent wäre dieses Kirchenkonzept der Selbstvollendung durch Selbstauflösung in soziale Transzendenz, wenn nicht immer wieder Reste metaphysischer und theistischer Rhetorik hineinfunken würden! Die Briefe von Bonhoeffers letztem Lebensjahr sind nicht nur voller Einfälle im Blick auf eine religionskritische Transformation der Theologie. Sie sind auch von einem tiefen Gottvertrauen erfüllt. Wie Sternschnuppen fallen fromme Sätze aus einem Himmel, der doch eigentlich leer sein muss, wenn man den Gefangenen von Tegel beim Wort seiner Dekonstruktion der Transzendenz nimmt. Und dennoch schreibt Bonhoeffer, als wäre nichts geschehen und als bewege er sich bei seinem Belastungstest des christlichen Glaubens noch immer innerhalb der Matrix jüdisch-christlicher Metaphysik.

Eigentlich ist das völlig unverständlich. Wie um alles in der Welt kann die Transzendenzerfahrung des Daseins für andere Hand in Hand gehen mit der Transzendenzerfahrung der Macht Gottes, wenn Erstere doch erklärtermassen an die Stelle Letzterer treten soll, deren nichtreligiöse Gestalt sie ist? Wie soll der die Welt bergende andere Gott, der einst die heilsame Ruhe und Unruhe von Bonhoeffers Denken war, in eine Theologie zurückkehren können, die diesen Gott in eine Felsenhöhle einzuschliessen und aus dem christlichen Diskurs auszuschliessen im Begriff ist? Wie soll vom christlichen Glauben am Ende etwas anderes übrigbleiben als der Glaube an die ethischen Möglichkeiten des Menschen?

Je unwiderstehlicher der Sog der Theismus- und Metaphysikkritik wird, der den theologisch geschwächten Gott aus

---

176 Dietrich Bonhoeffer, Widerstand und Ergebung, DBW 8, 560.

der Gegenwart in eine überwundene Vergangenheit hinabzieht oder in ein Wolkenkuckucksheim der Illusionen emporweht, desto alternativloser muss ja doch ein atheistischer Humanismus im Geist Jesu zum eigentlich Christlichen avancieren – bei Bonhoeffer selbst und natürlich auch in einer Theologie und in einer Kirche, die sich in seinem Sinn unterwegs wähnt und alles daran setzt, den Unterschied zwischen Kirche und Welt durch die universale Durchsetzung des Evangeliums der Menschlichkeit zum Verschwinden zu bringen und eine zutiefst weltliche Kirche zu werden.

In Dietrich Bonhoeffers Ekklesiologie hat das Adjektiv «weltlich» eine doppelte Bedeutung. Zum einen markiert es das Heraustreten der Kirche aus einem religiösen oder klerikalen Sonderraum in eine säkulare Zeitgenossenschaft hinein. Eigentlich markiert es sogar das Heraustreten der Kirche aus sich selbst; denn eine Kirche, die sich ausschliesslich – «nur»[177]! – als Kirche für andere begreift, hat damit «jedes Für-sich-selbst-Sein der Kirche ausgeschlossen»[178]. Eine Kirche, so Bonhoeffer, die nur um ihre «Selbsterhaltung» kämpft, «als wäre sie ein Selbstzweck, ist unfähig, Träger des versöhnenden und erlösenden Wortes für die Menschen und für die Welt zu sein»[179]. Das Gegenprogramm zu dieser *incurvatio ecclesiae in seipsum* ist das Programm einer weltlichen, genauer gesagt öffentlichen Kirche[180]. Das Adjektiv «weltlich» signalisiert demnach zum anderen, dass «die Kirche um der Welt willen und für die Welt da»[181] ist und wie Christus, dessen Stellvertreterin und Leib sie ist, für die Welt eintritt. Die religionslos weltliche Kirche für andere – das ist die Kirche, die die Kirche hinter sich gelassen hat, sich

---

177 Ebd..
178 So Wolfgang Huber, Kirche und Öffentlichkeit, Stuttgart 1973, 109.
179 Dietrich Bonhoeffer, Widerstand und Ergebung, DBW 8, 435.
180 Siehe dazu Clifford J. Green, Dietrich Bonhoeffers These vom nichtreligiösen Christentum als Öffentliche Theologie, in: Christian Gremmels und Ilse Tödt (Hg.), Die Präsenz des verdrängten Gottes, 67–84.
181 Wolfgang Huber, Kirche und Öffentlichkeit, 109.

als Retterin der Welt in die Welt hinein ausagiert und «ganz», also total «für die Welt da»[182] ist. Die religionslos weltliche Kirche für andere – das ist die verantwortungsethisch elektrisierte Kirche der verantwortungsethisch elektrisierten Gesellschaft der Gegenwart. Die religionslos weltliche Kirche für andere – das ist die Kirche der totalisierten Verantwortung nicht nur für die zeitgleich mit uns existierenden, sondern auch für die künftigen und vergangenen anderen. Die religionslos weltliche Kirche für andere – das ist ein Hybrid kirchlich-politisch-moralisch-ökologischer Hyperverantwortung. Wahrnehmen kann diese Überverantwortung natürlich nur, wer sich als letzte, einzig wahre Instanz begreift, die keines Gottes und keiner Religion mehr bedarf, weil sie moralisch so stark und vital ist, dass sie sich selbst genügt.

Das religionslos weltliche Christentum, das Bonhoeffer voraussah und erhoffte und das im Gestus der Hypersensibilität für alle anderen aller Zeiten und Weltgegenden Gestalt angenommen hat, hat übrigens einen grossen ekklesiologischen Vorteil – zumindest für diejenigen, die über die Gabe verfügen, schlechte Nachrichten schönzufärben: Es ist durch Kirchenaustrittszahlen nicht zu gefährden. Auch deshalb nicht, weil Kirchenaustritte die natürliche Konsequenz eines Christentums sind, das aus der Kirche herausgetreten ist, um der Welt näher zu sein. Bonhoeffers Programm der Entgrenzung der Kirche ist mit dem Programm einer Selbstzurücknahme, ja einer Selbstabschaffung der sichtbaren Kirche zugunsten anderer identisch. Die religionslos weltliche Kirche Bonhoeffers und seiner Adepten bewegt sich also gerade in einer Zeit des drohenden Untergangs der Volkskirche auf unsinkbarem Untergrund, weil sie eigentlich erst dann Kirche ist, wenn sie keine sichtbare Kirche mehr ist. Die Volkskirche kann also getrost erodieren, implodieren und kollabieren, solange nur die Hoffnung lebendig ist, dass am Ende die Mitmenschlichkeit siegen und alles

---

182 A. a. O., 113.

durchdringen wird. Kirchlichkeit dagegen ist nicht nur ein zeitbedingtes, sondern für eine religionslos glücklich, zutiefst profane protestantische Theologie auch ein theologisch irrelevantes Phänomen, dessen Verschwinden man ebenso wie den endgültigen Untergang des christlichen Abendlands gelassen und ohne Panik abwarten, ja vielleicht sogar als notwendig herbeisehnen und begrüssen kann. Man muss sich nicht mehr fragen, wie Menschen für eine Mitgliedschaft in der Volkskirche gewonnen werden können, da es ja ohnehin christentumsadäquater ist, wenn an die Stelle der volkskirchlichen Organisationsgestalt endlich schlagkräftigere und weniger schwergängige zivilgesellschaftliche Formen von εκκλησια treten.

Dietrich Bonhoeffer selbst machte übrigens schon früh keinen Hehl daraus, dass er nicht nur der abendländischen Kirche, sondern auch dem abendländischen Christentum keine wirkliche Zukunft zutraute. An seinen Freund Helmut Rössler schrieb er im Oktober 1931, dass es «aus» sei und dass «das grosse Sterben des Christentums da zu sein»[183] scheine. Er hegte «täglich mehr» die «Überzeugung, dass es im Westen mit dem Christentum sein Ende nimmt – jedenfalls in seiner bisherigen Gestalt und seiner bisherigen Interpretation»[184]. Er erwog eine Reise zu Mahatma Gandhi nach Indien, von dessen nichtreligiöser Steigerung der Liebesethik Jesu zu einer gewaltigen und wirksamen sozialen Macht[185] er sich das Heil und die Heilung des Christentums erhoffte. In Gandhis gewaltfreiem Widerstand sah er «den Weg zu einem neuen christlichen Leben in

---

183 Dietrich Bonhoeffer, Ökumene, Universität, Pfarramt, DBW 11, hg. v. Eberhard Amelung und Christoph Strohm, Gütersloh 1994, 33.
184 Dietrich Bonhoeffer, London 1933–1935, DBW 13, hg. v. Hans Godeking, Martin Heimbucher und Hans-Walter Schleicher, Gütersloh 1994, 75.
185 So auch Martin Luther King über Gandhi. Siehe dazu Heimo Rau, Gandhi, Reinbek bei Hamburg 2005, 136.

kompromissloser Übereinstimmung mit der Bergpredigt»[186] und wohl auch «eine dem Christen angemessene Form des Kampfes gegen den nationalsozialistischen Machtanspruch»[187]. Doch «[s]tatt Gandhi in seinem Ashram in Indien aufzusuchen, gründete er [...] seinen eigenen Ashram in Pommern, das von Bonhoeffer geleitete Predigerseminar in Finkenwalde.»[188]

Vor dem Hintergrund von Bonhoeffers Idee der grossen Transformation der Transzendenz und der grossen Transformation der Kirche stellt sich für die Gegenwart drei Generationen nach Bonhoeffer nun eine Frage. Sie dürfte umso brisanter werden, desto unübersehbarer die von Bonhoeffer erträumte sozial-moralisch-politische Transformation des europäischen Protestantismus fortschreitet. Was wird geschehen, wenn denjenigen, die noch immer glauben, die Kirche Jesu Christi sei ein religiöses Medium und eine religiöse Akteurin und Gott eine lebendige, nicht auf die zwischenmenschliche Praxis sozialer Transzendenz reduzierbare Wirklichkeit, zu dämmern beginnt, wohin die Reise geht? Werden sie der zur «grenzenlose[n] Kirche in grenzenloser Weltverantwortung»[189] transformierten Kirche die Treue halten? Oder werden sie «ihrer» Kirche, die nicht mehr ihre Kirche ist, den Rücken kehren und nach geistlich konturierteren Kirchenmodellen Ausschau halten, weil sie sich betrogen fühlen? Fällt die derzeitige Volkskirche dann in dezidiert freikirchliche und in dezidiert zivilgesellschaftlich engagierte Kirchen auseinander?

186 So Dietrich Bonhoeffer in seinem jüngst wieder aufgefundenen Brief vom 17. Oktober 1934 an Mahatma Gandhi, zitiert nach der Übersetzung aus dem Englischen von Wolfgang Huber. Siehe Wolfgang Huber, «Einige Zeit im Ashram verbringen ...», online unter https://zeitzeichen.net/node/8180, aufgerufen am 1. Juni 2021.
187 Eberhard Bethge, Dietrich Bonhoeffer, 381.
188 Wolfgang Huber, «Einige Zeit im Ashram verbringen ...», a. a. O.
189 Siehe dazu auch Günter Thomas, Im Weltabenteuer Gottes leben, insbesondere das Kapitel «Die moralische Atemlosigkeit einer grenzenlosen Kirche in grenzenloser Weltverantwortung – oder: Die Notwendigkeit von Grenzmanagement», 92–132.

Und es stellt sich auch noch eine ganz andere, vom späten Bonhoeffer programmatisch unterschätzte Frage: Was wird aus der Religion, wenn diese keinen Ort mehr im Christentum und in der christlichen Kirche hat? Gibt es Religion dann nur noch ausserhalb des Christentums und vielleicht umso theistisch-fundamentalistischer?[190] Oder gibt es Religion nur noch säkular getarnt, also inkognito? Anders gefragt: Wohin entschwindet das Religiöse, wenn es aus der Religion, insbesondere aus dem Christentum verschwindet, wenn das Christentum also sein religiöses Gewand auszieht oder sich religiös entkernt?

Wer zur Metapher des Entkernens greift, signalisiert, dass er das Religiöse nicht für die Hülle, sondern für den Kern, die Substanz und das Wesen des Christentums hält. Ich tue das. Ich glaube, dass Religion sich auf die Verbindung des Menschen mit einer letzten, ihn generierenden, motivierenden, versöhnenden und erlösenden Wirklichkeit bezieht und dass etwa Karl Barth der Logik der Religion und der Logik der Metaphysik genau deshalb nicht entrinnen konnte und wollte, weil der Glaube an den erwählenden Gott und an den rettenden Christus nicht ohne ein metaphysisches Symbolsystem und nicht ohne eine zumindest resttheistische Semantik zur Sprache gebracht werden kann. Wenn man das Religiöse und das Metaphysische aus dem Christentum austreibt, treibt man das Christentum aus dem Christentum aus.

Wenn aber das Religiöse aus dem Christentum ausgetrieben wird, sucht es sich andere Wege, um in die Gesellschaft der Menschen zurückzukehren – jedenfalls solange der Mensch

---

190 Michel Houellebecq hat in seinem grossartigen Roman «Unterwerfung» virtuos vor Augen geführt, was geschieht, wenn eine gottesmacht- und transzendenzgesättigte, vor Vitalität strotzende Religion auf das religiöse Vakuum der nihilistisch gewordenen Gesellschaft eines ehedem christlichen Abendlandes trifft, das keine religiösen und keine metaphysischen Ressourcen mehr hat, um sich zu regenerieren. Siehe Michel Houellebecq, Unterwerfung, Köln, 5. Aufl. 2015.

nicht der freie, übermenschliche Souverän ist, als den ihn Bonhoeffer in einer grandiosen Verwechslung von *status corruptionis* und *status integritatis* sieht. Solange Menschen ein Unbedingtes brauchen, um das Bedingte zu ertragen, zu interpretieren oder zu verändern, und solange sie nicht nur illusionslos, aber umso vitalistischer dahinvegetieren, wird das Religiöse vermutlich nicht verschwinden, sondern sich verschieben, sich verformen, sich anderswohin verflüchtigen und *undercover* weiter sein Wesen und sein Unwesen treiben. Solange Menschen Anschluss an ein Höheres und Tieferes oder doch zumindest Anschluss an einen höheren oder tieferen Sinn ihrer selbst und ihrer Welt suchen, werden funktionale Äquivalente von Religion sie begleiten, heimsuchen und überzeugen. Auch und gerade in einer säkularisierten, ihrem eigenen Selbstverständnis nach religionslosen Welt überlebt Religion als Drang zum Absoluten und als Zwang zum Letztinstanzlichen – möglicherweise umso virulenter und hartnäckiger.[191] Denn auch und gerade die Welt, die nicht an einen transzendenten, andersweltlichen Gott glaubt, ist vor der Versuchung nicht gefeit, an etwas Letztes zu glauben – und sei es, indem sie ein Vorletztes zum Letzten erhebt. Mit anderen Worten: Religion kann nur durch Religion ersetzt werden.

Drei Generationen nach Bonhoeffers Hinrichtung erscheinen in der Religions- und Kirchendämmerung der Gegenwart insbesondere zwei Wiedergängerinnen der untergehenden christlichen Religion am leeren Himmel des Abendlands: die Vergottung der Natur und die Vergottung der Moral.

Moralisierende Kommunikation, moralisierende Medien und moralisierende Politik nehmen in den westlichen Gesellschaften des ehedem christlichen Abendlandes gegenwärtig

---

[191] Anders Eberhard Bethge, Christlicher Glaube ohne Religion. Hat sich Dietrich Bonhoeffer geirrt?, in: Eberhard Bethge, Am gegebenen Ort. Aufsätze und Sätze 1970–1979, München 1979, 32–38.

mächtig Fahrt auf.[192] Mir scheint, dass der hypertrophe Moralismus einer ihrem eigenen Selbstverständnis nach postreligiösen Gesellschaft eine Art Kompensation darstellt. Wer nicht mehr an Gott glaubt, will womöglich doch an etwas glauben, für etwas eintreten und zumindest im Namen des Guten unterwegs sein, wenn es schon nicht mehr denkbar ist, im Auftrag des Herrn unterwegs zu sein. Und weil Religion eben nur durch Religion ersetzt werden kann und an die Stelle des einen Absoluten ein anderes Absolutes treten muss, wenn man sich nicht dem Relativismus, dem Nihilismus oder dem Hedonismus ergeben will, wächst der Moralismus im selben Masse, wie die religiöse Bindung abnimmt. Moralismus löst als neue Religion die alte Religion ab. Denn wer sich in nichts Tieferem und in nichts Höherem mehr verankern kann, braucht – mit Karl Marx gesprochen – eine Ersatzdroge, zum Beispiel die Moral. Als Verurteilungsmechanismus anderer eignet sie sich nicht zuletzt deshalb blendend dafür, weil man durch sie ins Recht gesetzt umso lauter und umso lauterer «Ich» sagen und weil man ethisch verschleiert Eigeninteressen umso schlagkräftiger und umso egoistischer durchsetzen kann. In Gestalt der Moral begegnet also mitnichten nur der kategorische Imperativ einer toleranten und vernunftmotivierten Aufklärung, sondern eine gut getarnte Spielart des erbarmungslosen Kampfs der Durchsetzung von Lebensstilen. Der Gott der Moral ist nicht weniger intolerant als der Gott des Monotheismus, den etwa Jan Assmann als Wurzel aller Intoleranz und aller Gewalt im Namen der Religion detektiert hat.[193]

---

192 Siehe dazu insbesondere Norbert Bolz, Die Avantgarde der Angst, Berlin 2020, sowie ders., Keine Macht der Moral! Politik jenseits von Gut und Böse, Berlin 2021. Vgl. auch Alexander Grau, Hypermoral. Die neue Lust an der Empörung, München 2017, sowie Ulrich H. J. Körtner, Für die Vernunft. Wider Moralisierung und Emotionalisierung in Politik und Kirche, Leipzig 2017.
193 Siehe dazu z. B. Rolf Schieder (Hg.), Die Gewalt des einen Gottes. Die Monotheismusdebatte zwischen Jan Assmann, Micha Brumlik, Rolf Schieder, Peter Sloterdijk und anderen, Berlin, 3. Aufl. 2014.

Dass der Moralismus religiöse Züge trägt, offenbart übrigens auch ein Blick auf die Frage, ob es in einer säkularen Gesellschaft noch so etwas wie Häresien gibt. Um diese aufzuspüren, darf man natürlich nicht nach den Gegenständen offizieller kirchlicher Lehrbeanstandungsverfahren suchen. Die neue säkulare Glaubensgemeinschaft, die die Häresie als Abweichung von anerkannten und normativen Anschauungen aufspürt und diskreditiert, ist vielmehr getreu dem Programm öffentlicher Theologie eine in bestimmter Weise sensibilisierte Öffentlichkeit. Sie verfügt über eine wirkungsvolle Waffe medialer Ächtung und gesellschaftlicher Hinrichtung: den Shitstorm.

Am Grad der medialen Empörung kann man ablesen, woran in unserer Gesellschaft geglaubt wird. Heissblütige Reaktionen lassen darauf schliessen, dass vitale Glaubensüberzeugungen verletzt wurden. Umgekehrt ist die Gleichgültigkeit gegenüber der öffentlichen Verachtung bestimmter Glaubensüberzeugungen ein sicheres Indiz dafür, dass der Glaube an diese Glaubensinhalte erkaltet ist. Was uns kalt lässt, berührt unsere Identität nicht. Was uns zur Weissglut bringt, zeigt, woran unser Herz hängt und was eigentlich unser Gott ist.

Bonhoeffers These, die Menschen könnten, so wie sie sind, nun einmal nicht mehr religiös sein, erweist sich aber nicht nur im Blick auf die immer augenfälligere quasireligiöse Überhöhung schuldbeseitigender und zugleich schuldzuweisender Moral, sondern auch und vor allem im Blick auf die Wiederkehr der Naturreligiosität als Irrtum. Die Natur wird derzeit immer unübersehbarer in den Rang einer letzten Wirklichkeit erhoben.[194] Während man den kränkelnden Vatergott der jüdisch-christlichen Tradition in aufgeklärten kirchlichen Kreisen nonchalant seinem augenscheinlich unrettbaren Schicksal

---

194 Exemplarisch dafür ist der Aufsatz von Wolfgang Schürger, Bewahrung der Schöpfung – Christliche Hoffnung für die Erde, in: Verkündigung und Forschung 66/2021, Heft 1: Systematische Theologie, Frieden – Gerechtigkeit – Bewahrung der Schöpfung, Zum Stand der Diskussion, 31–46.

überlässt, gilt es die angeschlagene Gaia, Mutter Erde, möglichst rasch und um jeden Preis vor der destruktiven Energie des Menschen in Sicherheit zu bringen. Je mehr Glauben man einer schöpfungsethischen Dringlichkeitsrhetorik schenkt, die Schöpfung und Schöpfer längst identifiziert hat, desto mehr Glauben entzieht man zumal im Anthropozän der Vorstellung eines Gottes, dessen Wirklichkeit weder mit den Kräften der Natur noch des Menschen identisch ist.

Bei dieser Umverteilung der Rollen des Allmächtigen und des Schöpfers ergibt sich die eigentümliche Konstellation, dass sowohl die Natur als auch der Mensch in den Rang von Gottheiten erhoben werden und vor allem der Mensch in seinen Selbst- und Weltrettungsmöglichkeiten dramatisch überschätzt wird.[195] Zugleich stellt die Denkfigur des menschlichen Eintretens für die auf unseren Beistand angewiesene leidende Naturgottheit eine Wiedergängerin von Bonhoeffers Denkfigur des Eintretens für den ohnmächtigen Gott dar.

Wenn sich nun ökologisches und moralisches Bewusstsein verbinden und die Notwendigkeit der Weltgestaltung zur letzten Wirklichkeit wird, kommt es nicht nur zu einer grossen Transformation der Gesellschaft, sondern auch zu einem Umbau der christlichen Religion. Insbesondere in den ökonomisch saturierten und gebildeten urbanen Milieus der europäischen Kirchen kursiert immer unübersehbarer das Selbstverständnis, vor allem im Auftrag des Klimaschutzes und der Klimagerechtigkeit unterwegs zu sein. So, wie der Gott Baal in alttestamentlicher Zeit vom Gott JHWH verdrängt wurde und die Gottheit der Heilsgeschichte die Gottheit der Fruchtbarkeit

---

195 Dazu Ralf Frisch, Zwischen Klimahysterie und Klimahäresie. Kleines theologisches Spiel mit dem Feuer, online unter https://zeitzeichen.net/node/7759, aufgerufen am 8. Februar 2022. Siehe auch ders., Der rettende Eigensinn Gottes. Wie wir theologisch am sinnvollsten mit den Risiken und Nebenwirkungen der Schöpfung umgehen – und wie besser nicht, online unter https://zeitzeichen.net/node/9483, aufgerufen am 8. Februar 2022.

vom Feld der Kultur verdrängte, verdrängt derzeit die Göttin Natur den Gott des christlichen Glaubens. Die abendländische Religionsgeschichte wird systematisch revidiert, ohne dass dies Aufsehen erregen oder für problematisch gehalten würde. Denn *muss* man als Christ oder als Christin nicht so denken? Gehört es nicht zum guten Ton eines jüdisch-christlichen Verantwortungsethos der Bewahrung der Schöpfung, so zu denken?[196] Und weil die Antwort darauf in der Regel fraglos Ja lautet, gelingt es einer neuheidnischen Naturreligion mit Leichtigkeit, sich der Infrastruktur der christlichen Kirche zu bedienen und deren Inhalte und Grundüberzeugungen zu schwächen, ohne dass das Immunsystem des Christentums Alarm schlüge. Es erkennt den Feind nicht. Im Gegenteil. Es hält ihn für einen Freund und öffnet so einem trojanischen Pferd Tür und Tor.

Dass der Glaube an das Projekt der ökologischen Transformation der Weltgesellschaft ebenso illusionär sein dürfte, wie es aus der Sicht der Religionskritik der Glaube an einen transzendenten Gott ist, steht auf einem anderen Blatt. Aber es fällt auf, dass alle Kulturkatastrophen der Menschheit derzeit den europäischen Glauben nicht zu trüben vermögen, dass es diesmal endlich gelingen werde, die Welt zu einem besseren Ort und den Menschen zu einem besseren Menschen zu machen. Während die Theodizeefrage dem guten und allmächtigen Gott nachhaltig den Garaus macht, scheint sich im Blick auf den guten und allmächtigen Menschen die Anthropodizeefrage seltsamerweise immer weniger zu stellen. Und so emigriert die Metaphysik aus der traditionellen Gotteslehre und findet gewissermassen im Grünen eine zweite Heimat. Dabei wird grosszügig übersehen, dass nicht nur der Mensch Gefährder der Natur, sondern die Natur von jeher auch Gefährderin des Menschen

---

196 Siehe dazu auch Hans Jonas, Das Prinzip Verantwortung. Versuch einer Ethik für die technologische Zivilisation, Frankfurt am Main 1979.

ist,[197] also nicht weniger dunkle Seiten hat als der für fragwürdig gehaltene Gott der jüdisch-christlichen Tradition.

Dass Mutter Erde, die schöpferische Quelle und Nährerin des Lebens, faktisch zur ersten Person der Trinität unserer Zeit geworden ist, kann man auch an der Erbarmungslosigkeit erkennen, mit der jede Naturversehrung als Sakrileg gebrandmarkt und jede Skepsis als Klimalästerung etikettiert wird. Nicht wenige Naturgottgläubige bedienen sich Semantiken der Intoleranz, der Verurteilung und der Verachtung – also exakt derjenigen Mittel, vor denen Gegenwartschristen, wenn sie ihnen in der Bibel begegnen, üblicherweise instinktiv zurückzucken, weil ihnen die Gewalt und die Exklusivität religiöser Absolutheitsansprüche verdächtig sind.[198]

Nicht, dass ich mit diesen beiden Beispielen der Wiederkehr der Religion inmitten der säkularen Gesellschaft sagen will, dass Dietrich Bonhoeffer sie im Blick hätte haben sollen oder gar müssen. Moralismus und Ökologismus sind Kinder einer Gegenwart, die nicht die Gegenwart dessen war, der einem ganz anderen Totalitarismus und einer ganz anderen Ideologie zum Opfer fiel. Aber dass Ideologien gerade dann Opfer fordern, wenn sie dämonisch werden, das Vorletzte zum Letzten erklären, mit dem Letzten verwechseln und absoluten Gehorsam fordern, hätte der Gefangene von Tegel sehen können, als er sich anschickte, Religion für gegenstandslos zu erklären. Zweifellos war ihm klar, dass Menschen sich von jeher auch

---

197 Siehe Günter Thomas, Vom Mut zur Wut. Christlich glauben in verletzlicher Zeit – Gedanken am Karsamstag, https://zeitzeichen.net/node/8963, aufgerufen am 1. Juni 2021. Vgl. ders., Jenseits von Eden und Blühwiesenromantik. Über Fehlschlüsse zeitgenössischen Ökoglaubens und die Freude weihnachtlicher Schöpfungstheologie (3tlg.), online unter https://zeitzeichen.net/node/9441, https://zeitzeichen.net/node/9442 sowie https://zeitzeichen.net/node/9444, aufgerufen am 1. Februar 2022.
198 Ich erinnere in diesem Zusammenhang einmal mehr an Jan Assmanns Religionskritik.

wegen metaphysischer Fragen bekämpfen.[199] Und gerade vor dem Hintergrund dessen, was er in «Erbe und Verfall» schrieb, hätte ihm auch klar sein müssen, dass gewaltsame Konfrontationen im Namen der Religion und ihrer funktionalen Äquivalente niemals auszuschliessen sind.[200] Vor allem aber hätte er realisieren können, dass Menschen umso anfälliger für die intolerante und ideologische Schattenseite religiöser Rationalität werden, je mehr sie meinen, in einer völlig religionslosen Zeit zu leben, und je weniger es ihnen in den Sinn kommt, das, was sie unbedingt angeht, in einem religiösen Horizont zu deuten.

Genau dies jedoch, dass nämlich Religion anderswo wiederkehrt, wenn das Christentum seine religiöse Substanz verleugnet oder verschleudert, konnte oder wollte Dietrich Bonhoeffer nicht wahrhaben, als er verkündete: «Wir gehen einer völlig religionslosen Zeit entgegen. Die Menschen können einfach, so wie sie nun einmal sind, nicht mehr religiös sein.»[201] – Wäre es nicht ehrlicher gewesen zu schreiben, dass die Menschen, so wie sie nun einmal sind, nicht an einen Gott glauben können, der nicht mit ihnen selbst und mit ihrer Erde identisch ist – also eben auch nicht an den Gott der Bibel? Wäre es nicht ehrlicher gewesen zu schreiben, dass man nicht nichtreligiös von Gott reden kann, ohne das Wort «Gott» und das Wort Gottes der nichtreligiösen Interpretation zu opfern? Denn wer die Religion und die Metaphysik überwinden will, muss letztlich auch die Bibel überwinden, die mit Religion und Metaphysik vollgesogen ist. Er muss mit einem Leben ohne Gott und von allen göttlichen Geistern verlassen mit sich selbst fertig werden. Wer aber dazu bereit und im Gefängnis obendrein von allen guten Geistern zwischenmenschlicher Nähe verlassen ist, ist und bleibt allein und auf sich gestellt. Allein unter einem leeren

---

199 So Michel Houellebecq, Unterwerfung, 224.
200 Siehe dazu Samuel P. Huntington, The Clash of Civilizations and the Remaking of World Order, New York 1996.
201 Dietrich Bonhoeffer, Widerstand und Ergebung, DBW 8, 403.

Himmel. Allein in seiner Zelle. Die Tür dieser Zelle hat keine Klinke, mit der sie sich von innen öffnen liesse. Und es wird nicht Gott sein, der sie von aussen öffnet. Es gibt keinen göttlichen Notausgang. Keinen doppelten Boden. Keine Rettung aus den Verlorenheiten des Diesseits.

Das ist die Situation, in der sich Dietrich Bonhoeffer im Sommer 1944 befindet, als sein schwitzendes Gehirn[202] unter der glühenden Berliner Sonne Gottlosigkeit und Gott zusammenzuzwingen sucht und theologische Eisen schmiedet, die bis heute nicht erkaltet sind.

---

202   A. a. O., 509.

7
Gottes Beistand
Heroischer Rollentausch eines Überchristen

> Menschen gehen zu Gott in Seiner Not [...]
> Christen stehen bei Gott in Seinen Leiden.[203]
>
> *Dietrich Bonhoeffer*

Vom 25. Mai 1944 an erwähnt Dietrich Bonhoeffer seinem Gesprächspartner Eberhard Bethge gegenüber wiederholt eine naturwissenschaftliche Lektüre, die erheblichen Eindruck auf ihn machte und der er sich daher mit «grösstem Interesse»[204] zuwandte: Carl Friedrich von Weizsäckers Buch «Zum Weltbild der Physik»[205]. Dem naturwissenschaftlich eher wenig gebildeten[206] Bonhoeffer muss insbesondere durch Weizsäckers Buch auch in physikalischer Hinsicht klar geworden sein, was ihm in religiöser Hinsicht schon länger dämmerte: «dass man Gott nicht noch an irgendeiner allerletzten heimlichen Stelle hineinschmuggelt»[207], sondern die Autonomie der Welt anzuerkennen

---

203 Dietrich Bonhoeffer, Widerstand und Ergebung, DBW 8, 515.
204 A. a. O., 449.
205 Carl Friedrich von Weizsäcker, Zum Weltbild der Physik, Leipzig und Stuttgart 1943. Siehe Bonhoeffer, Widerstand und Ergebung, DBW 8, 454.
206 A. a. O., 312: «Dass die naturwissenschaftliche Seite bei mir so ganz ausfällt, empfinde ich als eine peinliche, aber nicht mehr aufzuholende Lücke.»
207 A. a. O., 511.

hat, wenn man sich im aufgeklärten Wissenschafts- und Wirklichkeitsraum nicht lächerlich machen will.

«Es ist mir wieder ganz deutlich geworden, dass man Gott nicht als Lückenbüsser unserer unvollkommenen Erkenntnis figurieren lassen darf […] In dem, was wir erkennen, sollen wir Gott finden, nicht aber in dem, was wir nicht erkennen; nicht in den ungelösten, sondern in den gelösten Fragen will Gott von uns begriffen sein. Das gilt für das Verhältnis von Gott und wissenschaftlicher Erkenntnis.»[208]

Aber es gilt eben auch für das Verhältnis von Gott und menschlicher Existenz.

Im Zusammenhang seiner Kritik am Lückenbüssergott legt Bonhoeffer einen Optimismus im Blick auf die Autonomie und die «Mündigkeit der Welt und des Menschen»[209] an den Tag, der ebenso erstaunlich ist wie seine Einschätzung, dass Religion der Vergangenheit angehört. Zumal vor dem Hintergrund der Kulturkatastrophe seiner Gegenwart kann man Bonhoeffers Zutrauen in ein geschichtliches Fortschreiten des Aufklärungsgeistes nur als befremdlich bezeichnen. Mag die Autonomie der Natur ein naturwissenschaftliches Faktum sein – die Autonomie des Menschen ist bestenfalls eine Wunschvorstellung. Unter den Bedingungen der gefallenen Schöpfung kann sie allenfalls als eschatologische Utopie, also als Signatur eines neuen Äons in Erscheinung treten. Karl Barth bemerkte dazu in seinem bereits zitierten Brief über Dietrich Bonhoeffer im Dezember 1952:

«Eine Abschwächung des Anstosses, den er uns gegeben hat, wäre das Letzte, was ich wollte. Nur dass ich eben […] den uns […]

---

208   A. a. O., 454f.
209   A. a. O., 511.

angekündigten neuen Äon der ‹Theologie für die mündige Welt› noch nicht […] für angebrochen halten kann»[210].

Dass ausgerechnet der, welcher den Umschlag von demokratischer Autonomie in die brutale Heteronomie des Terrors am eigenen Leib erfuhr, den Menschen für autonom, aufklärungsbereit und vernunftgeleitet halten konnte, während die Juden Max Horkheimer und Theodor W. Adorno im selben Jahr 1944 aus ihrem Exil in Los Angeles heraus illusionslos die «Dialektik der Aufklärung»[211] analysierten, ist und bleibt rätselhaft – vor allem dann, wenn man sich das 1940 entstandene Kapitel «Erbe und Verfall» von Bonhoeffers «Ethik» vor Augen hält. Dieses Kapitel ist derart fortschrittspessimistisch, dass es von Adorno und Horkheimer oder von Oswald Spengler geschrieben sein könnte.

Und doch singt derselbe Bonhoeffer, der in «Erbe und Verfall» die Auflösung der christlichen Substanz des Abendlands und die Herauslösung des abendländischen Menschen aus Gott als Beginn einer Ära des nihilistischen Vitalismus dekonstruiert,[212] vier Jahre später geradezu ein theologisches Hohelied der mündigen Welt:

«Die Mündigkeit der Welt ist nun kein Anlass mehr zu Polemik und Apologetik, sondern sie wird nun wirklich besser verstanden, als sie sich selbst versteht, nämlich vom Evangelium, von Christus her.»[213]

Diese Mündigkeitsbegeisterung trägt den Denker von Tegel über den äussersten Abgrund des christlich Denkbaren hinaus. Nahezu alles, was Bonhoeffer bisher über Macht und Gegen-

---

210 Karl Barth an Walter Herrenbrück am 22. Dezember 1952, a. a. O., 328.
211 Max Horkheimer und Theodor W. Adorno, Dialektik der Aufklärung. Philosophische Fragmente. Friedrich Pollock zum 50. Geburtstag, Amsterdam 1947 (hektografiertes Manuskript 1944).
212 Dietrich Bonhoeffer, Ethik, DBW 6, etwa 112, 114, 118 und 119.
213 Dietrich Bonhoeffer, Widerstand und Ergebung, DBW 8, 482.

wart Gottes gedacht hat, wird in den Briefen des 16. und 18. Juli 1944 sowie im Gedicht «Christen und Heiden»[214] von den Füssen auf den Kopf gestellt.

Wir wissen nicht wirklich, was genau Bonhoeffer so aufwühlte, dass dadurch auch seine Theologie aufgewühlt wurde. Wir wissen nicht, welcher Stein des Anstosses Tendenzen seiner Theologie so verstärkte, dass es zu einem Dominoeffekt kam, der eine Gewissheit nach der anderen einstürzen liess. Welche nächtlichen Dämonen, Anfechtungen und Einfälle von innen oder von aussen seine Theologie und ihn selbst aus der Fassung brachten, lässt sich allenfalls imaginieren. Fest steht jedoch das Ergebnis. Bonhoeffer zufolge zwingt nicht nur ein ehrlicher Blick auf die abendländische Geistes- und Kulturgeschichte, sondern Christus selbst dazu, der Notwendigkeit eines autonomen Lebens ohne Gott ins Auge zu sehen und sich von allen religiösen Wunschvorstellungen der Nähe und der Macht Gottes zu verabschieden. Wenn Christinnen und Christen wirklich Christinnen und Christen sein wollen, müssen sie das Kinderland des Glaubens an einen allmächtigen Gott verlassen und erwachsen werden. Und zwar deshalb, weil es dieser Gott selbst ist, der seinen Kindern zu verstehen gibt, dass kein Weg an diesem Erwachsen- und Mündigwerden vorbeiführt.

Im Gestus letztthinniger Erkenntnis schreibt Bonhoeffer Sätze, die zu seinen einflussreichsten werden sollten:

> «Gott als moralische, politische, naturwissenschaftliche Arbeitshypothese ist abgeschafft, überwunden; ebenso aber als philosophische und religiöse Arbeitshypothese (Feuerbach!). Es gehört zur intellektuellen Redlichkeit, diese Arbeitshypothese fallen zu lassen bzw. sie so weitgehend wie irgend möglich auszuschalten. Ein erbaulicher Naturwissenschaftler, Mediziner usw. ist ein Zwitter. Wo behält nun Gott noch Raum? fragen ängstliche Gemüter, und weil sie darauf keine Antwort wissen, verdammen sie die ganze

---

214 A. a. O., 515f.

Entwicklung, die sie in solche Notlage gebracht hat. Über die verschiedenen Notausgänge aus dem zu eng gewordenen Raum habe ich Dir schon geschrieben. Hinzuzufügen wäre noch der salto mortale zurück ins Mittelalter. Das Prinzip des Mittelalters aber ist die Heteronomie in der Form des Klerikalismus. Die Rückkehr dazu aber kann nur ein Verzweiflungsschritt sein, der nur mit dem Opfer der intellektuellen Redlichkeit erkauft werden kann. Es ist ein Traum nach der Melodie: ‹o wüsst› ich doch den Weg zurück, den weiten Weg ins Kinderland.› Diesen Weg gibt es nicht, – jedenfalls nicht durch den willkürlichen Verzicht auf innere Redlichkeit, sondern nur im Sinne von Matth. 18,3!, d. h. durch Busse, d. h. durch letzte Redlichkeit! Und wir können nicht redlich sein, ohne zu erkennen, dass wir in der Welt leben müssen – ‹etsi deus non daretur›. Und eben dies erkennen wir – vor Gott! Gott selbst zwingt uns zu dieser Erkenntnis. So führt uns unser Mündigwerden zu einer wahrhaftigeren Erkenntnis unsrer Lage vor Gott. Gott gibt uns zu wissen, dass wir leben müssen als solche, die mit dem Leben ohne Gott fertig werden. Der Gott, der mit uns ist, ist der Gott, der uns verlässt (Markus 15,34)! Der Gott, der uns in der Welt leben lässt ohne die Arbeitshypothese Gott, ist der Gott, vor dem wir dauernd stehen. Vor und mit Gott leben wir ohne Gott.»[215]

Wie der Täufer in Matthias Grünewalds Isenheimer Altar verweist Bonhoeffer also auf den Gekreuzigten. Angesichts des sterbenden Christus geht ihm das Licht auf, dass Gott die Menschen verlässt, dass wir ohne Gott in der Welt zurechtkommen müssen und dass die Trauer über den Gottesverlust der Einsicht in die Notwendigkeit eines auf sich selbst gestellten Lebens ohne Gott weichen muss. Im Blick auf den gekreuzigten Jesus konstatiert Bonhoeffer im Brustton felsenfester Überzeugung und fern eines jeglichen Glaubens an einen dreieinigen Gott:

---

215 A. a. O., 532ff.

«Gott lässt sich aus der Welt herausdrängen ans Kreuz. Gott ist ohnmächtig und schwach in der Welt und gerade und nur so ist er bei uns und hilft uns. Es ist Matthäus 8,17 ganz deutlich, dass Christus nicht hilft kraft seiner Allmacht, sondern kraft seiner Schwachheit, seines Leidens! Hier liegt der entscheidende Unterschied zu allen Religionen. Die Religiosität des Menschen weist ihn in seiner Not an die Macht Gottes in der Welt, Gott ist der deus ex machina. Die Bibel weist den Menschen an die Ohnmacht und das Leiden Gottes; nur der leidende Gott kann helfen. Insofern kann man sagen, dass die beschriebene Entwicklung zur Mündigkeit der Welt, durch die mit einer falschen Gottesvorstellung aufgeräumt wird, den Blick frei macht für den Gott der Bibel, der durch seine Ohnmacht in der Welt Macht und Raum gewinnt. Hier wird wohl die ‹weltliche Interpretation› einzusetzen haben.»[216]

Wohin führt das? Führt es wirklich zu einem tieferen Verständnis Jesu Christi und zu einem tieferen Verständnis der christlichen Theologie? Oder führt es über Jesus Christus und über die christliche Theologie hinaus? Sind Bonhoeffers Sätze über den leidend helfenden Gott tatsächlich als Neuvergegenwärtigung evangelischer Kreuzestheologie lesbar? Oder sprengen sie deren Rahmen und mit ihm den Rahmen der gesamten christlichen Soteriologie? Droht sich die Theologie nicht in eine linkshegelianische Geschichtsphilosophie aufzulösen, wenn die Kreuzestheologie zum spekulativen Karfreitag überdehnt[217] und die Todesstunde Jesu zur Geburtsstunde des gottlosen Lebens ins-

---

216 A. a. O., 534f.
217 Siehe dazu Eberhard Jüngel, Gott als Geheimnis der Welt. Zur Begründung der Theologie des Gekreuzigten im Streit zwischen Theismus und Atheismus, Tübingen, 2., durchgesehene Aufl. 1977, dort insbesondere den Abschnitt über «Bonhoeffers Beitrag zur Heimkehr der Rede vom Tode Gottes in die Theologie», 74–83, sowie den darauffolgenden Abschnitt «Hegels Vermittlung des atheistisch-neuzeitlichen Gefühls mit der christologischen Wahrheit vom Tode Gottes», 83–131.

trumentalisiert wird? Mutiert die Christologie nicht in ihr eigenes Gegenteil, wenn sie von keinem Ostersonntag mehr weiss, wenn sie nur noch die Ohnmacht und die Abwesenheit Gottes zur Sprache bringen kann und wenn am Ende verschwimmt, wessen Passion für wen das Heil bewirkt und wer für wen da ist? Drohen die Rollen im traditionellen Passionsspiel nicht geradezu häretisch neu besetzt zu werden, wenn Jesus nicht etwa Leid und Tod überwindet, sondern am Ende nurmehr die Macht hat, an die helfende Kraft des mitleidenden Menschen zu appellieren? Aber ist das nicht erschreckend blauäugig – wo doch die in Jerusalem versammelte Menschheit dem Nazarener gerade nicht beisteht, sondern ihn ungerührt der Kreuzigung überantwortet? Ist der Glaube an das moralische Heldentum der Christenmenschen nicht realitätsfern und bibelfremd, wo doch selbst die elf Jünger den sterbenden Christus verlassen? Und setzt sich Bonhoeffers Theologie des moralischen Heldentums nicht auch einem ganz anderen Risiko aus? Dem Risiko nämlich, dass sich ein gänzlich unevangelisches Überchristentum des starken Menschen Zugang zum christlichen Glauben verschaffen könnte? Liebäugelt Bonhoeffer nicht sogar mit der Vorstellung der Menschen, die geradezu zum Gott des ohnmächtigen Gottes werden?

Indianer, so hiess es einmal, kennen keinen Schmerz. In Bonhoeffers Gefängnistheologie gilt das auch für Christen und Christinnen. Sie kennen keinen Schmerz, jedenfalls keinen eigenen Schmerz und schon gar nicht den von Hegel philosophisch durchlebten und durchdachten «unendlichen Schmerz», dass «Gott selbst […] tot»[218] ist. Und weil sie keinen Schmerz kennen und die eigenen Leiden in der Welt nicht mehr ernst nehmen,[219] schwächt sie auch das Bewusstsein der Schwäche Gottes, das sie ja doch eigentlich in ihren Grundfesten erschüt-

---

218 Georg Wilhelm Friedrich Hegel, Glauben und Wissen, Werke in 20 Bänden, auf der Grundlage der Werke von 1832 bis 1845 von Eva Moldenhauer und Karl Markus Michel neu edierte Ausgabe, Frankfurt a. M. 1970ff, Bd. 2, Jenaer Schriften 1801–1807, dort 432.
219 Dietrich Bonhoeffer, Widerstand und Ergebung, DBW 8, 542.

tern müsste, nicht. Vielmehr lässt die Schwäche Gottes sie zu neuer und wahrer Stärke finden und umso energischer und kraftvoller für alle Schwachen und Notleidenden dieser Welt, also auch für die notleidende Schöpfung und am Ende sogar für den schwächelnden Gott selbst eintreten. Christinnen und Christen sind, sobald sie erst einmal zur Reife der Mündigkeit gelangt und geradezu Überchristen geworden sind, imstande, wozu in Getsemani weder die Jünger Jesu noch Jesus selbst imstande waren: zu einer Stärke, die keine Hilfe mehr braucht. Im Gegenteil. Christinnen und Christen, die zu Überchristinnen und Überchristen geworden sind, helfen ihrem Herrn. Sie stehen ihm bei. Sie kennen nur noch den Schmerz Gottes und den Schmerz anderer Menschen. Und genau das verlangt Bonhoeffer von ihnen, von sich und von uns: «‹Könnt ihr nicht eine Stunde mit mir wachen?› fragt Jesus in Gethsemane. Das ist die Umkehrung von allem, was der religiöse Mensch von Gott erwartet. Der Mensch wird aufgerufen, das Leiden Gottes an der gottlosen Welt mitzuleiden. Er muss also wirklich in der gottlosen Welt leben»[220], deren einziger Gott er selbst ist – er, der Überchrist und Über-Christus.

Dichtend bringt Bonhoeffer die Vollendung dessen auf den Punkt, was er unter Transzendenz, Nachfolge und Glaube versteht:

> «Menschen gehen zu Gott in Seiner Not,
> finden ihn arm, geschmäht, ohne Obdach und Brot,
> sehn ihn verschlungen von Sünde, Schwachheit und Tod.
> Christen stehen bei Gott in Seinen Leiden.»[221]

Der vollendetet mündige Glaube dieser Christen manifestiert sich als «Teilhaben am Leiden Gottes in Christus»[222]. Und genau

---

220 A. a. O., 535.
221 A. a. O., 515.
222 A. a. O., 537.

in dieser «Teilnahme an der Ohnmacht Gottes in der Welt»[223] besteht Bonhoeffer zufolge das wahre christliche Leben, das mit dem wahrhaft autonomen Leben im Geiste des kategorischen Imperativs und im Übrigen auch mit dem psychisch reifen und gesunden, selbstwirksamen und empathischen Leben verschmilzt. Auf seine Weise, nämlich kreuzestheologisch und unter Verabschiedung des göttlichen Vaters, holt Bonhoeffer also doch noch die geschmähte Psychoanalyse und die verhasste Psychotherapie in seine Spättheologie heim.

Das neue und wahre christliche oder vielmehr überchristliche, jedenfalls übermenschliche Leben hat Bonhoeffer zufolge mit Religion nichts zu tun und kann denn auch nicht als neue Religion begriffen werden. «Jesus ruft nicht zu einer neuen Religion auf, sondern zum Leben»[224] – zu einem Leben als Beistand des leidenden Gottes.

Ich fürchte jedoch, dass in Bonhoeffers Glauben an den Gott beistehenden Menschen nicht das nichtreligiöse Christsein, sondern die religiöse Hybris zu ihrem Höhepunkt kommt. Denn ist der religiöse Mensch nicht – zumindest, wenn es nach Barths Religionskritik geht – der Mensch, der es nicht aushält, kein Gott zu sein? Und blickt uns dieser Mensch, der sich stark und mächtig genug fühlt, der rettende Gott des ohnmächtigen Gottes sein zu können, nicht gerade aus Bonhoeffers später Theologie an?

Ohne dem Gefangenen von Tegel zu nahe treten zu wollen, sei die Frage erlaubt, ob man bei der Lektüre von Bonhoeffers Julibriefen des Jahrs 1944 nicht Zeuge einer grandiosen theologischen Überkompensation erlebter Ohnmacht wird: «Aus der Freiheit von sich selbst, aus dem ‹Für-andere-dasein› bis zum Tod entspringt erst die Allmacht, Allwissenheit, Allgegenwart. Glaube ist das Teilnehmen an diesem Sein Jesu.»[225] Die wahre

---

223 Ebd.
224 Ebd.
225 A. a. O., 558.

Transzendenz ist die Transzendenz der Mitmenschlichkeit. Nur in ihr kommt das Gottesverhältnis zur Welt. Nur in ihr ist und wird Gott wirklich.

«[U]nser Verhältnis zu Gott ist ein neues Leben im ‹Dasein-für-andere›, in der Teilnahme am Sein Jesu. Nicht die unendlichen, unerreichbaren Aufgaben, sondern der jeweils gegebene erreichbare Nächste ist das Transzendente. Gott in Menschengestalt! nicht wie bei orientalischen Religionen in Tiergestalten als das Ungeheure, Chaotische, Ferne, Schauerliche; aber auch nicht in den Begriffsgestalten des Absoluten, Metaphysischen, Unendlichen usw.; aber auch nicht die griechische Gott-Menschengestalt des ‹Menschen an sich›, sondern ‹der Mensch für andere›! darum der Gekreuzigte.»[226]

Auch wenn es scheint, als gehe es an dieser Stelle zumindest rudimentär noch um das Sein Christi für die Menschen: Faktisch ist daraus ein Sein des Menschen für Christus und letztlich ein Sein des Menschen als Christus ohne Gott geworden. Der Bonhoeffer der «Nachfolge» hat sich nachfolgend atheistisch radikalisiert. Der Bonhoeffer der «Ethik», der das Sein des Menschen in Christus betonte und an der Unterscheidung von Letztem und Vorletztem festhielt, gehört der Vergangenheit an. Denn der Bonhoeffer von «Widerstand und Ergebung» hat diese Unterscheidung aufgegeben. Er hat den Menschen für andere, den nur der andere Mensch unbedingt angeht, zur letzten Wirklichkeit werden lassen.[227]

---

226 A. a. O., 558f mit Bezug auf Walter F. Otto, Die Götter Griechenlands. Das Bild des Göttlichen im Spiegel des griechischen Geistes, Frankfurt a. M. 1929. Siehe dazu auch Ulrich Hedinger, Christus und die Götter Griechenlands. Dietrich Bonhoeffer und Walter F. Otto, in: Evangelische Theologie 30/1970, 97–110.
227 Bonhoeffer nimmt damit in gewisser Weise die Philosophie von Emmanuel Lévinas vorweg. Siehe etwa Emmanuel Lévinas, Huma-

So kann eigentlich nur einer glauben, denken und schreiben, der entweder keinen Gott braucht, weil er von jeglichem persönlichen Leid unangekränkelt ist, der also keinen Schmerz kennt, ihn sich nicht anmerken lassen will oder einer, der mit zusammengebissenen Zähnen von ihm absehen kann. Eben einer, der auch in Extremsituationen noch Dietrich Bonhoeffer heisst und selbst durch das, was viele andere aus dem Gleichgewicht werfen würde, nicht zu erschüttern ist – weder durch die Erfahrung der eigenen Ohnmacht noch durch die Erfahrung der Ohnmacht Gottes.

Übrigens ist Bonhoeffers Rede vom «Gott in Menschengestalt»[228] entweder schillernd oder verräterisch. Denn der «Gott in Menschengestalt», das ist ja näher besehen nicht nur der gekreuzigte Christus. Der «Gott in Menschengestalt», das sind diejenigen, die «bei Gott in Seinen Leiden»[229] stehen, die die Anthropodizeefrage nicht stellen und die die Theodizeefrage entweder durch Identifikation mit dem leidenden Gott oder durch die eigene Gottwerdung beantworten.

Die Vision eines solchen Hochformchristentums scheint gegenwärtig insbesondere für diejenigen Christinnen und Christen attraktiv, die zwar nicht mehr an Christus glauben, aber sich für fit genug halten, ihrerseits zum «Gott in Menschengestalt» zu avancieren und zu starken und vitalen Akteurinnen und Akteuren einer besseren, gerechteren und menschenfreundlicheren Welt zu werden. Aber gerade dadurch wird das Christentum zu einem Christentum der «platte[n] und banale[n] Diesseitigkeit der Aufgeklärten [und] der Betriebsamen»[230]. Es wird gerade nicht zu einem Christentum der «tiefe[n] Diesseitigkeit, die voller Zucht ist, [...] in der die Erkenntnis des Todes und der Auferstehung immer gegenwärtig ist»

    nismus des anderen Menschen, übersetzt und mit einer Einleitung versehen von Ludwig Wenzler, Hamburg 1989.
228 Dietrich Bonhoeffer, Widerstand und Ergebung, DBW 8, 558.
229 A. a. O., 515.
230 A. a. O., 541.

und in der Bonhoeffer zufolge «Luther [...] gelebt hat»[231]. Was Dietrich Bonhoeffer in seinem «Entwurf für eine Arbeit» verkündigt, ist nicht der Glaube des Paulus und der Reformatoren an den rettenden Gott. Es ist der Glaube an den rettenden Menschen. Weil es jenseits der Transzendenzen des zwischenmenschlichen Für-andere-Seins keine Transzendenz gibt, aus der heraus ein Gott zur Welt und zum Menschen kommen könnte, wird der diesseitige Mensch selbst zum σωτηρ, also zum Rettergott. Für Bonhoeffers Religionskritik selbst gilt also, was Bonhoeffer wenige Jahre zuvor im Kapitel «Erbe und Verfall» seiner «Ethik» im Blick auf die «abendländische Gottlosigkeit» noch mit brillanter Schärfe analysiert hatte. Sie ist gottlos.

> «[Aber sie] unterscheidet sich völlig von dem Atheismus einzelner griechischer, indischer, chinesischer und abendländischer Denker. Sie ist nicht die theoretische Leugnung der Existenz eines Gottes. Sie ist vielmehr selbst Religion und zwar Religion aus Feindschaft gegen Gott. Eben darin ist sie abendländisch. Sie kann von ihrer Vergangenheit nicht lassen, sie muss wesentlich religiös sein. Eben dies macht sie nach menschlichem Ermessen so hoffnungslos gottlos. Die abendländische Gottlosigkeit erstreckt sich von der Religion des Bolschewismus bis mitten in die christlichen Kirchen hinein. Sie ist gerade in Deutschland, oder auch in den angelsächsischen Ländern betont christliche Gottlosigkeit. Sie wendet sich in der Gestalt aller möglichen Christentümer, ob sie nun nationalistisch, sozialistisch oder mystisch seien[,] gegen den lebendigen Gott der Bibel, gegen Christus. Ihr Gott ist *der neue Mensch*, ob die ‹Fabrik des neuen Menschen› bolschewistisch oder christlich ist. Der fundamentale Unterschied zu allem Heidentum besteht darin, dass dort unter menschlicher Gestalt Götter angebetet werden, dass aber hier unter der Gestalt Gottes, ja Jesu Christi, der Mensch angebetet wird. Die grosse Entdeckung Luthers von der Freiheit des Christenmenschen und die katholische Irrlehre von

---

231 Ebd.

der wesentlichen Güte des Menschen enden gemeinsam in der Vergottung des Menschen.»[232]

Wer den späten Bonhoeffer pointiert kritisieren will, braucht eigentlich nur diese Passage zu zitieren und den Bonhoeffer von «Widerstand und Ergebung» mit dem Bonhoeffer der «Ethik» zu konfrontieren. Ich jedenfalls kenne keine schärfere Bonhoefferkritik als die, die Bonhoeffer unbewusst an demjenigen geübt hat, der aus ihm noch werden sollte. Denn in seiner «Ethik» ist er über die Gedanken, die ihn im Sommer 1944 zunehmend gefangen nehmen, bereits hinaus. Was er in «Widerstand und Ergebung» entfaltet, ist kein Fortschritt, sondern ein Rückschritt, über dessen Plattheit und Naivität man angesichts der Tiefe von Bonhoeffers Geist durchaus erschrecken und vielleicht sogar ein wenig wütend werden kann – so wütend, dass man versucht sein könnte, ihm die Frage des himmlischen Richters entgegenzuhalten, die Karl Barth einmal in folgende Worte gekleidet hat: «Hast du von der Gnade gelebt oder hast du dir Götter errichtet und vielleicht selber einer werden wollen?»[233]

Dass Bonhoeffer, wie er in seinem letzten Brief an Eberhard Bethge am 23. August 1944 schreibt, über seine neuen Gedanken erschrickt,[234] zeigt glücklicherweise, dass sein Urteilsvermögen hinsichtlich seiner eigenen Theologie womöglich doch nicht ganz getrübt war und dass ihm vor Augen stand, wozu seine neuen Gedanken führen konnten: zur Selbstzerstörung des christlichen Glaubens durch ein Überchristentum nämlich. Umso erschreckender dagegen ist es, dass diejenigen, die sich genau deshalb auf Bonhoeffer berufen, weil sie durch seinen Namen, durch sein Schicksal und durch seine Verklärung geschützt mitten in der Kirche ihren eigenen überchristlichen

---

232 Dietrich Bonhoeffer, Ethik, DBW 6, 113f.
233 Karl Barth, Dogmatik im Grundriss, Zürich, 7. Aufl. 1987, 178.
234 Dietrich Bonhoeffer, Widerstand und Ergebung, DBW 8, 576.

sozialmoralischen Atheismus ausleben können, nicht vor der Transformation des christlichen Glaubens in dieses Überchristentum erschrecken.

Bonhoeffers Erschrecken vor seinen eigenen Gedanken könnte sich auch darin äussern, dass er in seinen letzten Briefen mehr oder weniger unwillkürlich Sätze schreibt, die er eigentlich nicht hätte schreiben dürfen, wenn er wirklich restlos von seiner grossen Transformation der Transzendenz überzeugt gewesen wäre. Es ist jedenfalls frappierend, dass Bonhoeffer ungeachtet seiner Metaphysik- und Religionskritik immer wieder Raum für Gottes machtvolle Selbstwirksamkeit lässt – und zwar auch und gerade nach dem gescheiterten Attentat der Verschwörer des 20. Juli auf Hitler. Einen Tag später schreibt Bonhoeffer, als wäre politisch und theologisch nichts geschehen: «Gott führe uns freundlich durch diese Zeiten; aber vor allem führe er uns zu sich.»[235] Dietrich Bonhoeffer wusste, dass auf das missglückte Attentat Aktenfunde folgen würden, die seine eigene Verwicklung in die Attentatsvorbereitungen offenbaren. Je mehr seine diesseitige Hoffnung schwand, desto grösser schien seine Gottesgewissheit zu werden. Man merkt dieser Gottesgewissheit nicht an, dass Bonhoeffer gerade dabei ist, allem Gottvertrauen, das sich nicht im Vertrauen auf gute menschliche Mächte erschöpft, das Wasser abzugraben. Und so steht reflektierte Religions- und Theologiekritik neben – wie Bonhoeffer schreibt – «unreflektierten [...] Glaubensvorgängen»[236]. Zumal nach dem Attentat erinnert er sich daran, worum es ihm Zeit seines Lebens ging – nämlich darum, «glauben [zu] lernen»[237], das eigene Leben aus den Händen zu geben und in die Hände Gottes zu legen[238]. Und er notiert wie nebenbei: «Im übrigen sitzt nach wie vor Gott im Regiment.»[239]

235 A. a. O., 543.
236 A. a. O., 541.
237 A. a. O., 542.
238 A. a. O., 549.
239 A. a. O., 563.

Beginnt Dietrich Bonhoeffer womöglich doch an der Tragfähigkeit seiner religions- und metaphysikkritischen Gedanken zu zweifeln? Zumindest oszilliert er, ohne dies jemals als theologisches Problem zu benennen oder zu bekennen. Einerseits artikuliert er unverhohlen, dass er sich in Gott geborgen weiss. Er freut sich darüber, seine geknickte Seele von «den schönen Paul Gerhardtliedern»[240] aufrichten lassen zu können. Andererseits neigt sich seine Theologie unter dem Eindruck der quälenden Hitze und der schwindenden Hoffnung auf Befreiung schwer auf die Seite der Ohnmacht und des Leidens Gottes. Einerseits versucht er sich mit der heldenhaften Selbstaufforderung, gewissermassen seelsorgerlicher Beistand für den verzweifelten «Christus in Gethsemane»[241] zu sein, aus dem Sumpf der eigenen Ohnmacht zu ziehen. Andererseits gibt ihm der Gedanke der «Teilnahme an der Ohnmacht Gottes»[242] Trost. Er fühlt, dass Grosses von ihm gefordert ist – nichts Geringeres nämlich, als «das Leiden Gottes an der gottlosen Welt mitzuleiden»[243]. Vor allem am Tag nach dem fehlgeschlagenen Attentat auf Hitler bleibt Bonhoeffer in einer zweifellos bedrückenden Erfahrung hilfloser Ohnmacht und Schwachheit dann wieder nichts anderes übrig, als sich mit der Ohnmacht und Schwachheit Christi zu trösten. Er schreibt an Eberhard Bethge: «Wie sollte man bei Erfolgen übermütig oder an Misserfolgen irre werden, wenn man im diesseitigen Leben Gottes Leiden mitleidet? Du verstehst, was ich meine, auch wenn ich es so kurz sage.»[244]

Wir verstehen es. Aber was ist mit Karl Rahners Einwand gegen Dietrich Bonhoeffers Einfall, der ohnmächtige Gott könne ein tröstlicher Gott und geteiltes Leid halbes Leid sein? «Um – einmal primitiv gesagt – aus meinem Dreck und

240 A. a. O., 541.
241 A. a. O., 542.
242 A. a. O., 537.
243 A. a. O., 535 und 542.
244 A. a. O., 542.

aus meinem Schlamassel und meiner Verzweiflung herauszukommen, nützt es mir doch nichts, wenn es Gott – um es einmal grob zu sagen, genauso dreckig geht.» Es gehört, so Rahner, «doch zu meinem Trost, dass Gott, wenn und insofern er in diese Geschichte selber als in seine eigene eingestiegene ist, jedenfalls auf andere Weise eingestiegen ist als ich. Denn ich bin von vornherein in diese Grässlichkeit hineinzementiert, während Gott [...] in einem wahren und echten und mich tröstenden Sinne der *Deus impassibilis*, der *Deus immutabilis* [...] ist.»[245]

Aber mit genau diesem *Deus impassibilis*, der etwa in Karl Barths Versöhnungslehre die treibende und rettende Kraft der Erniedrigung und Erhöhung Christi ist,[246] will Bonhoeffers Religions- und Metaphysikkritik aufräumen. Bonhoeffer tut denkerisch alles dafür, nicht mehr daran glauben zu können, dass mit unserer Macht nichts und mit Gottes Macht alles getan ist. Wenn in Bonhoeffers Theologie jemand *impassibilis*, also leidensunfähig ist, dann nicht Gott, sondern der Mensch, der klaglos und ohne die Theodizeefrage zu stellen sein Schicksal annehmen muss, keinen schützenden Gott mehr in seiner Nähe zu wissen. Ob Bonhoeffer, der den Weg zurück ins «Kinderland» ebenso für versperrt hält wie den Weg zurück zum Vater, überhaupt noch Kind Gottes sein will und kann? Interessanterweise zitiert Bonhoeffer in demselben Satz, in dem er den Weg zurück ins Kinderland für ungangbar erklärt, Matthäus 18,3. Dort sagt Christus: «Amen, ich sage euch, wenn ihr nicht umkehrt und werdet wie die Kinder, werdet ihr nicht ins Himmelreich hineinkommen.» Kindschaft ist für Bonhoeffer also nicht nur sprachunfähige Unmündigkeit (*infantia*). Sie ist nicht nur Ausdruck des «Verzichts auf innere Redlichkeit», sondern

---

245 Karl Rahner, Im Gespräch, Bd. I: 1964–1977, hg. v. Paul Imhoff und Hubert Biallowons, München 1982, 246.
246 Vgl. Karl Barth, Kirchliche Dogmatik Bd. IV,1, Zürich 1953, 1ff, sowie ders., Kirchliche Dogmatik Bd. IV,2, Zürich 1955, 1ff.

Ausdruck «*letzter* Redlichkeit».[247] Doch wie genau die Kritik des Kinderglaubens und der Kinderglaube ohne Widersprüche zusammenfinden sollen, ist und bleibt rätselhaft.[248]

Am Tag nach dem fehlgeschlagenen Attentat scheint Dietrich Bonhoeffer wie der verlorene Sohn aus Lukas 15 zu seinem Vater zurückkehren zu wollen. Er schreibt: «Wenn man völlig darauf verzichtet hat, aus sich selbst etwas zu machen [...] – dann wirft man sich Gott ganz in die Arme.»[249] Das klingt zutiefst rechtfertigungstheologisch. Es klingt, als lege Bonhoeffer in einer besonders dunklen Stunde seines Lebens seine neue, womöglich allzu optimistische Anthropotheologie ad acta.

---

247 Dietrich Bonhoeffer, Widerstand und Ergebung, DBW 8, 533.
248 Was das Kind anbelangt, so wendet sich ihm Bonhoeffer übrigens auch an anderer Stelle emphatisch zu. Vgl. Dietrich Bonhoeffer, Nachfolge, DBW 4, 159 über die kindliche Haltung dem väterlichen Herz Gottes gegenüber. Siehe aber vor allem Dietrich Bonhoeffer, Akt und Sein. Transzendentalphilosophie und Ontologie in der systematischen Theologie, DBW 2, hg. v. Hans-Richard Reuter, München 1988, 157–161, über das Kind als den durch die Zukunft Jesu Christi bestimmten Menschen. Bonhoeffers Habilitationsschrift endet mit Worten, die in Anknüpfung an die «väterliche» Theologie seines Lehrers Adolf von Harnack das Gegenteil von dem beschreiben, was Bonhoeffer in seinem Brief aus Tegel am 18. Juli 1944 entfaltet. Christen sind, so Bonhoeffer, «Kinder der Zukunft. Dies ist die schon hier im Glauben Ereignis werdende, dort im Schauen vollendete neue Schöpfung des neuen Menschen der Zukunft, der nicht mehr zurück auf sich selbst, nur noch von sich weg auf die Offenbarung Gottes, auf Christus sieht, der aus der Enge der Welt geboren wird in die Weite des Himmels, der wird, was er war oder noch nie war, ein Geschöpf Gottes, ein Kind.» A. a. O., 161. Auch in Ernst Blochs berühmtem Schlusssatz des 1959 erstmals veröffentlichten «Das Prinzip Hoffnung» steht das Kind für das zu sich selbst, allerdings nicht zu Gott gekommene Dasein des Menschen. Siehe Ernst Bloch, Das Prinzip Hoffnung, Ernst Bloch Gesamtausgabe Bd. 5, Frankfurt a. M. 1959, 1628. Zum «Kind als Paradigma des Christseins» siehe auch Christiane Tietz, «Die Spiegelschrift Gottes ist schwer zu lesen», 156–168, aber ohne Rekurs auf Bonhoeffers Spättheologie.
249 Dietrich Bonhoeffer, Widerstand und Ergebung, DBW 8, 542.

Aber das scheint nur so. Denn er schreckt sofort wieder davor zurück. Der Satz geht nämlich so weiter: «[…] dann nimmt man nicht mehr die eigenen Leiden, sondern das Leiden Gottes in der Welt ernst, dann wacht man mit Christus in Gethsemane, und ich denke, das ist Glaube, das ist μετανοια; und so wird man ein Mensch, ein Christ.»[250] Diese Fortsetzung kommt einer tektonischen Verschiebung der Fundamente der reformatorischen Theologie und des christlichen Glaubens gleich. Die glühende Lava, die dabei an die Oberfläche tritt und bis in unsere Gegenwart hineingewälzt wird, hat die Kraft, den christlichen Glauben umzuschmelzen. Denn das Erste, was Bonhoeffers μετανοια[251] verändert, ist Luthers rechtfertigungstheologisches Konzept des «fröhlichen Wechsels». Die «fröhliche Wirtschaft, wo der reiche, edle, fromme Bräutigam Christus das arme, verachtete, böse Hürlein zur Ehe nimmt und sie von allem Übel entledigt [und] ziert mit allen Gütern»[252], wird durch Bonhoeffer in ihr stellvertretungschristologisches Gegenteil verkehrt. Zwar betont er scheinbar traditionell passionstheologisch: «Gott ist ohnmächtig und schwach in der Welt und gerade und nur so ist er bei uns und hilft uns. Es ist Matthäus 8,17 ganz deutlich, dass Christus nicht hilft kraft seiner Allmacht, sondern kraft seiner Schwachheit, seines Leidens.»[253] Aber auch die wohlwollendste Anstrengung des Begriffs kann nicht darüber hinwegtäuschen, dass die soteriologischen Rollen neu besetzt worden sind. Aus dem *Deus pro nobis* ist ein *nos pro Deum* geworden. Die Revision und Reversion der reformatorischen Theologie durch Bonhoeffers Theologie des fröhlichen oder vielmehr stoischen Wechsels ist perfekt. Sie besteht darin, dass

250 Ebd.
251 Nicht von ungefähr taucht das Wort μετανοια in diesem Zusammenhang zweimal auf. Siehe a. a. O., 542 und 535.
252 Martin Luther, Von der Freiheit eines Christenmenschen, in: Martin Luther, Ausgewählte Schriften, hg. v. Karin Bornkamm und Gerhard Ebeling, Frankfurt a. M., 2. Aufl. 1983, 238–263, 246.
253 Dietrich Bonhoeffer, Widerstand und Ergebung, DBW 8, 534.

sich der Mensch nicht mehr in die Arme des allmächtigen und barmherzigen Gottes wirft, um sich helfen und retten zu lassen, sondern dass er dem schwachen Gott unter die Arme greift, um ihm zu helfen und ihn zu retten. Das Geschehen rettender menschlicher Hilfe, nicht mehr das rettende Leiden Jesu auf Golgota, erscheint als Urbild und Prototyp alles Christlichen und alles Soteriologischen.

Diese radikale μετανοια folgt exakt der Logik der von Bonhoeffer begrüssten neuzeitlichen Entwicklung der Verdrängung und Ersetzung Gottes durch den autonom werdenden Menschen. Und sie folgt auch der Logik von Ludwig Feuerbachs Religionskritik, wonach die Theologie in Anthropologie verwandelt werden muss, weil die Anthropologie von jeher die tiefe Wahrheit einer Theologie darstellt, die der Menschwerdung Gottes entspringt. Ganz im Sinne Feuerbachs gehen in Bonhoeffers heroischem Rollentausch die Macht und die Stärke Gottes und dessen «transzendentes» Dasein für andere auf den Menschen über. Der «aus dem Transzendenten lebende Mensch»[254] ist der Mensch, der aus seinem Dasein für andere lebt und den Sinn dieses Daseins von anderen her empfängt. Die Transzendenz umgibt nicht mehr die Welt. Man kann sich ihr nicht nähern, indem man das Dasein mystisch in seine Tiefe hinein oder betend über dessen Grenzen hinaus überschreitet. Man kann die Transzendenz nur verwirklichen, indem man für andere Menschen und für den anderen Gott da ist.[255]

Doch in welchen Sog gerät man, wenn man Dietrich Bonhoeffer auf diesem Weg folgt? Ist es nicht ein Sog, in dem ein über Bonhoeffers «Nachfolge» weit hinausgehender Perfektionismus der Heiligung[256] und der *imitatio Dei* an die Stelle

---

254 A. a. O., 559.
255 Vgl. a. a. O., 567. «Es gibt kaum ein beglückenderes Gefühl als zu spüren, dass man für andere Menschen etwas sein kann.»
256 Karl Barth äusserte schon im Blick auf Bonhoeffers «Nachfolge», man habe «mindestens Mühe […], nicht plötzlich geradezu perfektionistische Töne zu hören». Karl Barth, Kirchliche Dogmatik Bd. IV/2, 652.

des Glaubens an Gott tritt? Hat sich hier nicht das Gegenteil dessen vollzogen, was Bonhoeffer beteuert, als er sagt, Glaube beginne damit, dass «man völlig darauf verzichtet hat, aus sich selbst etwas zu machen» – auch nicht «einen Heiligen»?[257] Wird hier unter dem Deckmantel demütiger Leidensmystik nicht ein letzter Hochmut sichtbar, der aus dem christlichen Glauben einen übermenschlichen und in seiner Übermenschlichkeit überchristlichen Glauben macht – einen Glauben, der keine Schwächen kennt, weder die Schwächen der Menschen in den Evangelien noch die Schwächen Jesu selbst. Während Christus im Garten Getsemani seinen himmlischen Vater bittet, den Kelch des Leidens und Sterbens an ihm vorübergehen zu lassen,[258] nehmen Bonhoeffers Überchristen und der Über-Christus Bonhoeffer diesen Kelch wie Sokrates den Schierlingsbecher «dankbar ohne Zittern»[259] aus Gottes guter und geliebter Hand. Es fragt sich nur, wie Menschen, die leben, als gäbe es Gott nicht, etwas aus der Hand Gottes empfangen sollen.

Ist dieses Überchristentum überhaupt noch Christentum? Oder ist es schon über das Christentum hinaus? Ist es womöglich sogar Postchristentum, also eine Neuauflage eines Griechen- oder Germanentums unter den Bedingungen des vorgeblich nachreligiösen Anthropozän? Ist der «Gott in Menschengestalt» vielleicht doch nicht der Bibel, sondern einem heidnischen Götterpantheon entsprungen?

---

257 Dietrich Bonhoeffer, Widerstand und Ergebung, DBW 8, 542.
258 Matthäus 26,39 parr.
259 Dietrich Bonhoeffer, Widerstand und Ergebung, DBW 8, 608. Sebastian Weigert hat mich darauf hingewiesen, dass die Problematik eines solchen Überchristentums gerade frömmeren Zeitgenossen offenbar von jeher ins Auge sticht. So findet sich etwa in einem älteren Liederbuch evangelikaler Provenienz eine christologisch bereinigte Version der dritten Strophe des Bonhoeffergedichts. Sie lautet weniger heroisch: «Und reichst du uns den schweren Kelch, den bittern, des Leids gefüllt bis an den höchsten Rand, so nehmen wir ihn dankbar, *doch mit Zittern*, aus deiner guten und geliebten Hand.»

Aber wenn es so ist, wie konnte es dazu kommen? Wie kommt ein geistesgegenwärtiger, illusionsloser und geradezu seismografischer theologischer Zeitgenosse wie Dietrich Bonhoeffer auf die Idee, kein anderer als der Christenmensch habe die Gesamtlast der jüdisch-christlich-abendländischen Metaphysik zu tragen? Ergriff er die Flucht nach vorn und über das schwach gewordene kirchlich-religiöse Christentum hinaus in die verzweifelte Hoffnung, dass einzig und allein ein aristokratisches[260], moralisch hochstehendes Herren- und Herrinnenchristentum es mit dem Unwesen der unmenschlichen Nationalsozialisten würde aufnehmen können? Wurde Bonhoeffer vielleicht je länger, je mehr von der Erkenntnis Carl Schmitts beschlichen, dass «[s]ouverän ist, wer über den Ausnahmezustand entscheidet»[261], und dass nur der wirklich überlegene Mensch, der wie Bonhoeffer niemals die Fassung und die Haltung verliert, der wahre Souverän des Ausnahmezustands, also der wahre Christ und der wahre, nachchristliche Christus ist? Oder verliess Bonhoeffer in den Julitagen des Jahres 1944 vielleicht schlicht und einfach erstmals in seinem Leben die Hoffnung auf Gott?

Die Grösse von Bonhoeffers Theologie bestand ja von Anfang an in der Souveränität ihrer Balance und in ihrem *cantus firmus* der sicheren Gefügtheit alles menschlichen Seins in Gott. In der Krise des Sommers 1944 gerät sie aus dem Gleich-

---

260 Eberhard Bethge berichtet davon, wie die prominenten Sonder- und Sippenhäftlinge aus dem Kreis der Attentäter des 20. Juli im April 1945 in das Regensburger Gerichtsgefängnis gebracht wurden. «Schon wieder Aristokraten», habe ein Wachmann gesagt. So Eberhard Bethge, Dietrich Bonhoeffer, 1032. Gerade diese Aristokraten waren es, die in den letzten Kriegstagen beseitigt werden mussten, weil sie der eigentlich gefährliche Feind eines Regimes waren, dem sie eine Grösse entgegenstellten, die den ideologisch und rassistisch verklärten «Übermenschen» der Nationalsozialisten als unmenschliches Monster offenbarte.

261 So Carl Schmitt, Politische Theologie. Vier Kapitel zur Lehre von der Souveränität, Berlin 1922, 9.

gewicht und stösst den Menschen aus dem Innersten Gottes heraus ins Aussen einer Welt ohne Gott. Ihre Nähte halten der Spannung der Metaphysikkritik nicht mehr stand. Der *cantus firmus* verstummt. Wenn aber die Polyphonie des Lebens nicht mehr getragen wird vom *cantus firmus* der letzten, ewigen Wirklichkeit Gottes, dann wird die Polyphonie zur Dissonanz, und es gibt nichts mehr, was die Welt und den Menschen im Innersten und Äussersten zusammenhält und vor sich selbst schützt, bewahrt und rettet – es sei denn, dieser Mensch selbst.

Was aber geschieht, wenn dieser Mensch in der Dämmerung des Daseins *etsi deus daretur* nicht nur an Gott, sondern auch an sich selbst irre wird? Was geschieht, wenn sich zeigen sollte, dass das, was der Mensch angefasst hat, zu schwer für ihn ist? Was geschieht dann?

Dann kommen die Dämonen.

8
Nachtgesichte in Tegel
Ein Alptraum

> Mephistopheles:
> Was wettet ihr? Den sollt Ihr noch verlieren!
> Wenn Ihr mir die Erlaubnis gebt,
> Ihn meine Strasse sacht zu führen.
> Der Herr:
> Solang' er auf der Erde lebt,
> So lange sei dir's nicht verboten,
> Es irrt der Mensch, solang' er strebt.[262]
>
> *Johann Wolfgang von Goethe*

Wieder steht Dietrich Bonhoeffer dort, wo er des Nachts schon so oft stand. Im Garten, der nur der Garten Getsemani sein kann und doch am Fluss Jabbok zu liegen scheint. Und wieder sieht er ihn dort sitzen, den in sich versunkenen, traurigen Christus. Immer jedoch, wenn er sich diesem Christus anzunähern sucht, um ihm beizustehen in seiner Not, in seinem Leiden und in seiner Ohnmacht, geschieht das gleiche. Der Andere fällt über Dietrich Bonhoeffer her und lässt ihn erst dann los, als er von ihm gesegnet wird. Und immer, wenn Dietrich Bonhoeffer ihm das Kreuzeszeichen auf die Stirn macht, lacht der fremde Christus schallend und höhnisch. Wenn es ihm doch nur ein einziges Mal gelingen würde, diesen Christus in die Arme zu

---

[262] Johann Wolfgang von Goethe, Faust. Der Tragödie erster Teil, Leipzig 1938, 13.

schliessen und ihm ein gutes Wort und vielleicht sogar einen Dank zu entlocken! Wenn er doch nur ein einziges Mal sein Gesicht sehen könnte – das Gesicht, das er zu kennen meint! Aber immer, wenn der Andere zu ihm aufblickt, ehe er ihn anfällt, verdunkeln sich die Züge dieses Gesichts, und Dietrich Bonhoeffer sieht nicht mehr, was er zu wissen glaubt. Je näher Dietrich Bonhoeffer das vertraute fremde Gesicht anblickt, desto ferner blickt es zurück. Er sieht nicht mehr, dass Christus es ist, der ihn heimsucht. Aber er weiss, dass es Christus ist, weil es nicht anders sein kann.

Heute jedoch ist es anders. Heute, einen Monat nach dem Scheitern. Einen Monat nach der Gewissheit, dass die Welt verloren ist und mit ihr sein Leben – das Leben, das es nun tapfer diesseits des Wunschprinzips auf dem Boden der Tatsachen des Realitätsprinzips zu Ende zu leben gilt. Gefasst, ohne Schwäche und im Angesicht Christi, das ihn ansieht, bei ihm ist, ihn in seinem Traum verfolgt und sich zugleich von Nacht zu Nacht mehr von ihm entfernt und ihn verlässt.

Heute aber ist es anders. Das Gesicht ist wieder da. Doch es ist anders da als sonst. Heute *weiss* Dietrich Bonhoeffer nicht nur, dass er es kennt. Heute erkennt er es wirklich. Er erkennt es, weil sich der Andere, bevor er über ihn herfällt, das Christusgesicht vom Gesicht reisst und sein wahres Gesicht zeigt. Das Gesicht, über das Dietrich Bonhoeffer in diesem Augenblick zu Tode erschrickt. So, wie er auch über sich selbst erschrickt. Darüber, dass er es die ganze Zeit über gesehen hat, ohne sehen zu können, wem er über all die Wochen ins Gesicht gestarrt hat, wer ihm über die Schulter blickte und wer in seinem Inneren stumm seine vernichtende Arbeit verrichtete!

Dietrich Bonhoeffer weicht zurück. Fassungslos. Mit einem Mal überfällt ihn die Erkenntnis, vor der er sich die ganze Zeit über gefürchtet hat. Mit einem Mal weiss er, was er nicht wissen wollte. Er weiss, mit wem er gerungen hat in all diesen Nächten. Er weiss, dass er es nicht mit Christus, sondern mit einem ganz Anderen zu tun hatte. Er sieht, wer ihm höhnisch ins Gesicht lacht.

Friedrich Nietzsche ist es. Friedrich Nietzsche, der Antichristus. Friedrich Nietzsche, der dämonischste aller Philosophen. Friedrich Nietzsche, den er nie wahrhaben wollte, und den er daher, seit er denken kann, ins Jenseits seines Denkens verbannt hat.

Dietrich Bonhoeffer erbleicht. Und es fällt ihm wie Schuppen von den Augen. Friedrich Nietzsche war es, der ihn unter dem Deckmantel Jesu Christi wachgeküsst hatte aus den Träumen seiner Theologie. Friedrich Nietzsche war es, der den Keim des Ringens mit Christus in sein Herz und in sein Hirn gepflanzt und sein Denken und seinen Glauben in einen Abgrund gerissen hatte. Friedrich Nietzsche war es, der ihn den Zusammenbruch mit einem Neuanfang und die Finsternis mit dem Licht verwechseln liess.

Dietrich Bonhoeffer wendet sich um und flieht. Er flieht, ehe Friedrich Nietzsche ihn noch einmal küssen und mit seiner teuflischen Linken ins totale theologische Verderben hinein segnen kann.

Er läuft davon. So schnell er kann und so weit seine Füsse und seine zitternden Knie ihn tragen. Er läuft davon, bis er mit Nietzsches gellendem Lachen in den Ohren gegen die Mauer des südlichen Gartens prallt.

Aber es ist nicht die Mauer des südlichen Gartens, es ist die Wand seiner Zelle, an die er seinen erwachenden Kopf geschlagen hat. Und es ist nicht das Lachen Friedrich Nietzsches, das in seinen Ohren gellt. Es ist das Heulen der Sirenen, das seine nächtliche Odyssee beendet.

Dietrich Bonhoeffer blutet. Aber schlimmer als das Blut ist die Erkenntnis. Die Erkenntnis, dass er den Anti-Christus für Christus und eine Versuchung für eine Offenbarung gehalten hatte.

Warum war er darauf nicht vorbereitet? Wie konnte das geschehen? Und warum Nietzsche? Warum um Himmels Willen Nietzsche? Warum ausgerechnet Friedrich Nietzsche?

9
Atheistische Seelenverwandtschaft
Dietrich Bonhoeffer und Friedrich Nietzsche

> [D]ieser erbarmungswürdige Gott
> des christlichen Monotono-Theismus![263]
>
> *Friedrich Nietzsche*

Es gehört zu den Erstaunlichkeiten der Sekundärliteratur über Dietrich Bonhoeffer, dass sie einen grossen Bogen um den philosophischen Geist macht, der in den Tiefen des Gedankenozeans seiner Spättheologie lauert.

Von einem positiven Einfluss Nietzsches auf Bonhoeffer[264] ist im kritischen Apparat der Dietrich-Bonhoeffer-Werkausgabe und der Bonhoeffer-Interpretationen nur spärlich

---

263 Friedrich Nietzsche, Der Antichrist. Fluch auf das Christentum, Kritische Studienausgabe in 8 Bänden, Bd. 6 (KSA 6), hg. v. Giorgio Colli und Mazzino Montinari, München, 2., durchgesehene Aufl. 1988, 185.
264 Zu Nietzsche und Bonhoeffer siehe u. a. Peter Frick, Friedrich Nietzsche's Aphorisms and Dietrich Bonhoeffer's Theology, in: Peter Frick (Hg.), Bonhoeffer's Intellectual Formation, Theology and Philosophy in His Thought, Tübingen 2008, 175–199. Siehe ferner Andrew Shanks, Bonhoeffer's Response to Nietzsche, Studies in Christian Ethics 10/1997, 79–85. Vgl. auch Peter Köster, Kontroversen um Nietzsche. Untersuchungen zur theologischen Rezeption, Zürich 2003. Bzw. ders., Nietzsche-Kritik und Nietzsche-Rezeption in der Theologie des 20. Jahrhunderts, Nietzsche-Studien 10/1981, 615–685. Oder ders., Nietzsche als verborgener Antipode in Bonhoeffers «Ethik», Nietzsche-Studien 19/1990, 367–418.

die Rede. Nietzsche wird eher als «verborgener Antipode»[265] denn als schweigender Gesprächspartner oder gar heimlicher «Influencer» angeführt. In den Anmerkungen der Herausgeber von Bonhoeffers «Ethik» finden sich namentliche Hinweise auf Nietzsche nur dort, wo Bonhoeffer sich ausdrücklich von ihm abgrenzt.[266] In «Widerstand und Ergebung» taucht Nietzsches Name ganze drei Mal auf,[267] in den Erläuterungen der Editoren kein einziges Mal. Dennoch ist Nietzsche in Bonhoeffers Briefen und Aufzeichnungen aus der Haft seltsam gegenwärtig – nicht gerade als *cantus firmus*, aber doch als ferne, stumme Präsenz. Diese Präsenz ist eigentlich nicht zu überhören und zu übersehen.[268] Und doch wird sie nur selten registriert und thema-

265 So Peter Köster, a. a. O.
266 Zur Frage, wie gut Bonhoeffer Nietzsches Schriften kannte, siehe Ernst Feil, Die Theologie Dietrich Bonhoeffers, 250 (Fussnote 48). Vgl. auch Köster, Nietzsche als verborgener Antipode in Bonhoeffers Ethik, 416f. Köster geht im Gegensatz zu Feil nicht von einer «speziellen extensiven Nietzsche-Kenntnis Bonhoeffers» aus, sondern eher von der ««normale[n]», immerhin beachtliche[n] Lektüre des gebildeten protestantisch-bürgerlichen Theologen».
267 Dietrich Bonhoeffer, Widerstand und Ergebung, DBW 8, 322, 352 und 366.
268 Siehe insbesondere Nicoletta Capozza, Im Namen der Treue zur Erde. Versuch eines Vergleichs zwischen Bonhoeffers und Nietzsches Denken, Religion – Geschichte – Gesellschaft, Fundamentaltheologische Studien, hg. v. Johann Baptist Metz u. a., Bd. 33, Münster 2003. Vgl. auch den bemerkenswerten Artikel von Klaus-Michael Kodalle, Von der Mündigkeit des Christenmenschen, in: Neue Zürcher Zeitung online, 4. Februar 2006, https://www.nzz.ch/articleDJEV8-1.8706, aufgerufen am 1. Juni 2021. Kodalle betont, dass «Nietzsches alarmierende Zurückführung des Christentums auf die Machtambitionen der vereinigten Schwachen [...] bei Bonhoeffer nicht ungehört verhallt» sei. «Die schlimmsten Verheerungen der Menschlichkeit und des Zusammenlebens», so Kodalle, «entstehen gerade nicht aus der – zuweilen selbstverständlich irrig eingesetzten oder ins Überhebliche umschlagenden – Stärke eines risikobewussten, aber mutigen Ichs, sondern sie wabern hervor aus der Niedertracht schwächlicher, ihrer selbst unsicherer Gemüter, die nur darauf lauern, ihre Ressenti-

tisiert. Die Berührung von Bonhoeffer und Nietzsche scheint tabu. Wohl auch deshalb, weil sie Dietrich Bonhoeffer kontaminieren oder zumindest in schlechte Gesellschaft geraten lassen könnte. Der Widerstandskämpfer, der der nationalsozialistischen Weltanschauung nicht nur theologisch die Stirn bot und dafür auf persönlichen Befehl Adolf Hitlers hingerichtet wurde, kann schlicht nicht bei einem Philosophen in die Lehre gegangen sein, dessen Apotheose erbarmungsloser Macht und vitalistischer Stärke den Nationalsozialisten, ihrer Herrenrassenideologie und ihrem Führerkult in die Hände spielte und der als einer ihrer geistigen Wegbereiter gilt.

Man betritt also verbotenes Terrain, wenn man sich anschickt, die unwillkürlich oder absichtsvoll übersehene und übergangene Nähe zwischen Bonhoeffer und Nietzsche näher zu erkunden. Bonhoeffer und Nietzsche – das geht gar nicht. Auch deshalb nicht, weil Nietzsches aggressiver Atheismus und Bonhoeffers Theismuskritik einander vielleicht doch besser nicht zu nahe kommen sollten. Am Ende ist der Philosoph der Treue zur Erde dem Theologen der tiefen Diesseitigkeit näher,

---

ments gegen alles, das anders ist als sie, verdichtet widergespiegelt zu bekommen – widergespiegelt nicht zuletzt von ‹Führern›, die ihre Kraft in den Dienst solcher Ressentiments stellen.» Bonhoeffers aristokratische Bejahung des starken Lebens erscheint vor diesem Hintergrund als von Nietzsche inspirierte Antithese zum «Führer» aus Schwäche. Siehe dazu meine Ausführungen über Bonhoeffers «Herrenchristentum». «Auch in der Polemik gegen eine Strategie, die Grenzerfahrungen des Lebens [...] für den Glauben auszubeuten, folgte Bonhoeffer», so Kodalle, «der Spur Nietzsches». Vgl. dazu auch Klaus Harms, Friedrich Nietzsche – der stille Begleiter Dietrich Bonhoeffers, in: Verantwortung, Zeitschrift des Dietrich-Bonhoeffer-Vereins, Leitartikel zu Heft 36, 19. Jahrgang 2005. Harms vertritt die These, dass Bonhoeffer durch das Feuer von Nietzsches unerbittlicher Kritik am Christentum hindurchgegangen war und sich seinerseits mit dem von Nietzsche kritisierten «Hinterweltler»-Christentum nicht abfinden, sondern den Glauben in die Wirklichkeit des Lebens und der Gesellschaft zurückholen wollte.

als manche dies wahrhaben wollen. Am Ende sind Übermensch und Überchrist einander ähnlicher, als die philosophische und theologische Korrektheit es erlaubt.

Weder eine ernsthafte Liaison zwischen Bonhoeffer und Nietzsche noch ein flüchtig und schüchtern zwischen ihnen getauschter Bruderkuss ist also denkbar. Das Höchste der Gefühle sind allenfalls verschämte Augenkontakte zwischen beiden. Aber mehr geht wie gesagt nicht. Auch wenn man nicht «Nietzsche die Erde überlassen»[269] will, kann man Nietzsche nicht auf Bonhoeffer loslassen. Zum einen deshalb, weil es ja sein könnte, dass Bonhoeffer den Kampf mit ihm nicht gewinnen würde. Zum anderen deshalb, weil für nicht wenige Zeuginnen und Zeugen dieses Kampfs ihr Bild des einzigen evangelischen Heiligen der jüngeren Zeit womöglich zusammenbrechen würde, wenn sie der Tatsache ins Auge blicken müssten, dass Bonhoeffers späte Theologie von einer grossen Versuchung und von einem grossen Versucher überschattet war. Zum dritten deshalb, weil eine Annäherung Dietrich Bonhoeffers an Friedrich Nietzsche auch von Bonhoeffers eigenem Selbst- und Nietzscheverständnis her schlechterdings unausdenkbar scheint.

Ein Blick in Bonhoeffers «Ethik» scheint zu genügen, um die Idee einer Liaison von Bonhoeffer und Nietzsche als Ausdruck allzu blühender Phantasie und als höchst abwegige Vorstellung zu diskreditieren. Denn Friedrich Nietzsche – das ist für Dietrich Bonhoeffer der Inbegriff der «Enthüllung des befreiten Menschen in seiner ungeheuren Gewalt und seiner entsetzlichsten Verzerrung»[270]. Friedrich Nietzsche – das ist die schlechthinnige Irrlehre der «Vergottung des Menschen»[271], die «Proklamation des Nihilismus» und des «hemmungslose[n]

---

269 So Eberhard Bethge, Dietrich Bonhoeffer, 153, in anderem Kontext.
270 Dietrich Bonhoeffer, Ethik, DBW 6, 105, über die Französische Revolution und ihre Konsequenzen der «Wiederholung» und vollkommenen Entfesselung «des Grauenhaften».
271 A. a. O., 114.

Vitalismus, der die Auflösung aller Werte in sich schliesst und erst in der schliesslichen Selbstzerstörung, im Nichts, Ruhe findet»[272]. Nietzsche – das ist die Verklärung der «Götterdämmerung, des Göttertodes» zur «allerletzten Wirklichkeit»[273]. Nietzsche – das ist die «bewusst antichristliche Vergegenwärtigung des griechischen Erbes», der «Widerspruch des Natürlichen gegen die Gnade»[274]. Nietzsche – das ist ein Denken und Handeln, das «nur sein eigenes Gesetz kennt und achtet»[275]. Ja noch mehr: Nietzsche – das ist die «Vergötterung des Irrationalen des Blutes, des Instinktes, des Raubtiers im Menschen.»[276] Es ist die «Empfehlung der Sünde» und die Verlachung des Guten[277]. Nietzsche – das ist das schlechterdings Ungesunde, Unaristokratische, das Exzessive ohne Zucht und Ordnung und ohne die edle Anmut und die stille Grösse, die Laokoon, den «Schmerzensmann der Antike»[278], für Bonhoeffer so eindrucksvoll über die Niederungen des Irdischen erhaben macht. Nietzsche – das ist das Denken und Leben in primitiven Extremen, «als gäbe es diesem – ‹apollinischen› – Schönheitsbegriff gegenüber nur noch den dionysischen, oder, wie wir heute sagen, dämonischen»[279]. Nietzsche – das ist die «Idealisierung des Unbürgerlichen, des Ordnungswidrigen, des Chaotischen, des Anarchischen, des Katastrophalen»[280]. Nietzsche – das ist Hitler und die Hitlerjugend, in welcher kraftstrotzende Jugendlichkeit und antisemitischer Rassismus Hand in Hand mit dem Philosophen der Erbarmungslosigkeit und des Ekels vor allem «Missrathnen

---

272 A. a. O., 114f. Nietzsches Name wird in diesem Zusammenhang allerdings nicht genannt – jedenfalls nicht von Bonhoeffer selbst. Er taucht nur im kritischen Apparat auf.
273 A. a. O., 32.
274 A. a. O., 97.
275 A. a. O., 315.
276 A. a. O., 342.
277 A. a. O., 353.
278 Dietrich Bonhoeffer, Widerstand und Ergebung, DBW 8, 293.
279 A. a. O., 366f.
280 Dietrich Bonhoeffer, Ethik, DBW 6, 352.

und Schwachen»[281] gehen. Dass Nietzsche von der deutschen reformatorischen Theologie, namentlich von einem Denker wie Emanuel Hirsch[282] «positive Würdigung erfahren»[283] konnte, bleibt für Dietrich Bonhoeffer unbegreiflich, wenn es für ihn auch kein Wunder ist, dass Nietzsche zur philosophischen Gallionsfigur einer Weltanschauung werden konnte, die in die Katastrophe führte.

Und doch genügt all dies nicht, um den Verdacht zu zerstreuen, dass Dietrich Bonhoeffer wissentlich oder unwissentlich ein heimliches und für übliche Bonhoeffer-Deutungen zutiefst unheimliches Verhältnis mit Friedrich Nietzsche unterhielt.

Was aber wird aus Bonhoeffers Gefängniskorrespondenz, wenn sie ins Licht oder vielmehr ins Dunkel Nietzsches gerückt wird? Was wird aus diesen üblicherweise mit Ergriffenheit und tiefer Sympathie gelesenen Texten, wenn sie mit dem altbösen Feind der Theologie in Berührung gebracht und in die finstere Schwärze von dessen Tinte getaucht werden? Was wird aus «Widerstand und Ergebung», wenn Bonhoeffer dort anders als noch in seiner «Ethik» einem Versucher erlegen sein sollte, der dem Christentum, der Kirche, ja Gott selbst den Garaus zu machen versuchte, der als «Antichrist»[284] das Christentum verfluchte, aber im Augenblick seines Sturzes in den Abgrund der geistigen Zerrüttung seine «Wahnsinnszettel» mit «Der Gekreuzigte»[285] signierte?

Man könnte allerdings auch anders fragen. Was wird aus Nietzsche, wenn er in die Nähe Dietrich Bonhoeffers gebracht

---

281 Friedrich Nietzsche, Der Antichrist, KSA 6, 170.
282 Siehe etwa Emanuel Hirsch, Nietzsche und Luther, Lutherjahrbuch, 2. Jg., 1920/21, 61–106.
283 Dietrich Bonhoeffer, Ethik, DBW 6, 97.
284 Friedrich Nietzsche, Der Antichrist, KSA 6, 165–254.
285 Friedrich Nietzsche, Sämtliche Briefe Bd. 8, Kritische Studienausgabe in 8 Bänden (KSB), hg. v. Giorgio Colli und Mazzino Montinari, München 1986, 573.

wird? Was passiert mit seiner Philosophie, wenn der Glanz von Bonhoeffers Theologie sie überschattet und übersonnt? Für wen von beiden ist die Berührung mit dem anderen gefährlicher? Für Friedrich Nietzsche, den bösen Antichristen, oder für Dietrich Bonhoeffer, den guten Christen? Das ist die Frage.

Ob Dietrich Bonhoeffer sich darüber im Klaren war, wer da auf dem Grund seines Denkens mitdachte, auf wen er sich faktisch bezog und wem er wesentliche Erkenntnisse seiner Theologie verdankte? Ob er sich darüber im Klaren war, wie sehr er in seinen Briefen mit dem Feuer einer Philosophie spielte, vor dessen verzehrender Wirkung seine Ethik gerade noch gefeit war? – Wohl kaum. Es dürfte sich vielmehr so verhalten, dass Bonhoeffer Nietzsche für seine Theologie gewissermassen ein zweites Mal erfand. Und zwar nicht als Alleszermalmer der christlichen Theologie, sondern als christlichen Theologen der tiefen religionslosen und metaphysikfreien Diesseitigkeit – eben als Dietrich Bonhoeffer. Aber auch und gerade dieser theologisch nicht ganz mutationsfrei reproduzierte Nietzsche drohte die Theologie Dietrich Bonhoeffers aus ihrer christlichen Fassung zu bringen und am Ende dann eben doch zu zermalmen.

Nietzsches Kuss, der von Bonhoeffer anders als in meinem imaginierten Traum offenbar nicht bemerkt wurde, infizierte Bonhoeffer mit mehrerlei. Er verstärkte Gedanken, die sich seit Jahren in Bonhoeffers Denken eingenistet hatten. Er liess eine Saat aufgehen, die auf dem Grund von Bonhoeffers Denken förmlich darauf wartete, ans Tageslicht durchzubrechen. Er weckte Geister, die Bonhoeffer schon in seiner «Nachfolge» und in seiner «Ethik» herbeirief – insbesondere im Kapitel «Ethik als Gestaltung»[286]. Bereits 1937 und 1940 und auch zuvor schon taucht das Programm seiner späten Theologie am Horizont auf. Es ist das Programm einer Gleichgestaltung des Menschen mit Christus.

---

286 Dietrich Bonhoeffer, Ethik, DBW 6, 62–90.

«Gestaltung», so Bonhoeffer, «gibt es [...] allein als Hineingezogenwerden in die Gestalt Jesu Christi, als *Gleichgestaltung mit der einzigen Gestalt des Menschgewordenen, Gekreuzigten und Auferstandenen.*»[287] Noch ist es Christus, der in Dietrich Bonhoeffers «Ethik» die Menschen «zur Gleichgestalt mit ihm»[288] gestaltet. Das «*Wirklichwerden der Offenbarungswirklichkeit Gottes in Christus unter seinen Geschöpfen*»[289] geschieht, wie Bonhoeffer 1940 noch schreibt, «nicht durch Anstrengungen, ‹Jesus ähnlich zu werden›, wie wir es auszudrücken pflegen, sondern dadurch, dass die Gestalt Jesu Christi von sich aus so auf uns einwirkt, dass sie unsere Gestalt nach ihrer eigenen prägt»[290].

Vier Jahre später dann wird der schon Bonhoeffers Buch «Nachfolge» prägende Gedanke der *imitatio Christi* nochmals radikalisiert – und zwar zum Mitleiden von Gottes Leiden, also zum «Teilhaben am Leiden Gottes in Christus»[291] beziehungsweise zur «Teilnahme an der Ohnmacht Gottes in der Welt»[292]. Aus der *imitatio Christi* wird ein Dasein der Christinnen und Christen für Christus. Der atheistische christologische Rollentausch nimmt immer deutlicher und nur noch rhetorisch durch die vorsichtige Vokabel der «Teilnahme» am Sein Jesu und durch ein ominöses «als ob» verschleiert Gestalt an. Christen, so Bonhoeffer, müssen leben, als ob es diesen Gott nicht gäbe – *etsi deus non daretur*[293]. Das schreibt Bonhoeffer am 18. Juli 1944. Am 30. April hatte er noch geschrieben, dass er «von Gott nicht an den Grenzen, sondern in der Mitte, nicht in den Schwächen, sondern in der Kraft, nicht also bei Tod und Schuld, sondern

---

287 A. a. O., 80.
288 A. a. O., 81.
289 A. a. O., 34.
290 A. a. O., 80f.
291 Dietrich Bonhoeffer, Widerstand und Ergebung, DBW 8, 537.
292 Ebd.
293 A. a. O., 532.

im Leben»[294] sprechen wolle. An die Stelle des Gottes mitten im Leben ist das Leben ohne Gott getreten[295] – vielleicht sogar das diesseitig-zwischenmenschliche Leben *als* Gott. Und es ist Bonhoeffer zufolge der sich aus der Mitte dieses Lebens entfernende Gott selbst, der das Leben ohne Gott verordnet. Damit all dies denkbar wird, muss Bonhoeffer wie gesehen den überweltlich metaphysischen, jenseits der Grenzen der Welt wohnhaften Hinterweltler-Gott beseitigen oder zumindest noch weiter über den Horizont der Welt hinausdrängen.

Es ist unschwer zu erkennen, dass Dietrich Bonhoeffer hierbei der Logik von Friedrich Nietzsches metaphysikkritischer Lust auf ein starkes diesseitiges Leben folgt. Dieses Leben ist gewissermassen Nietzsches Gottesgebärerin. Denn in der Mitte und aus der Mitte des Lebens werden als Ausdruck der Vitalität dieses Lebens die Götter «*geschaffen*»[296], in denen das starke Leben sich selbst huldigt. Bonhoeffer sagt es natürlich anders, als Nietzsche es sagt. Er sagt es mit eigenen Worten. Er sagt es braver und züchtiger. Und zwar so:

> «An den Grenzen scheint es mir besser, zu schweigen und das Unlösbare ungelöst zu lassen. Der Auferstehungsglaube *ist* nicht die ‹Lösung› des Todesproblems. Das ‹Jenseits› Gottes ist nicht das Jenseits unseres Erkenntnisvermögens! Die erkenntnistheoretische Transzendenz hat mit der Transzendenz Gottes nichts zu tun. Gott ist mitten in unserem Leben jenseitig.»[297]

Die Kirche, so Bonhoeffer, «steht nicht dort, wo das menschliche Vermögen versagt, an den Grenzen, sondern mitten im Dorf. So ist es alttestamentlich, und in diesem Sinne lesen wir das N. T. noch viel zu wenig vom Alten her.»[298] Aber natürlich

---

294 A. a. O., 407.
295 A. a. O., 533.
296 Friedrich Nietzsche, Der Antichrist, KSA 6, 185.
297 Dietrich Bonhoeffer, Widerstand und Ergebung, DBW 8, 408.
298 Ebd.

ist es auch neutestamentlich. Denn soll man «den a.t.lichen Segen gegen das Kreuz setzen? [...] Der Unterschied zwischen Altem Testament und Neuem Testament liegt wohl in dieser Hinsicht nur darin, dass im Alten Testament der Segen auch das Kreuz, im Neuen Testament das Kreuz auch den Segen in sich schliesst.»[299] Und soll man die Menschwerdung Gottes gegen das Alte Testament setzen? Wenn, dann ist ja doch auch die Offenbarung Gottes im Diesseits ebenso alttestamentlich wie neutestamentlich und der Glaube des Judentums an den Segen und die Lebensfülle auf seine Weise ebenso inkarnationstheologisch wie der Glaube des Christentums. Die Pointe dieser Inkarnationstheologie gleicht dabei der Pointe von Bonhoeffers metaphysikkritischer Religionskritik. Und so wird Dietrich Bonhoeffer, der aus Treue zur Erde nicht mehr «metaphysisch [...] reden»[300] will und dem am Ende nur noch an der Menschwerdung des diesseitigen Menschen liegt, zum theologischen Wiedergänger des Philosophen, der die «Lüge vom ‹Jenseits›»[301] ans Licht bringen und sichtbar machen will, wie sehr durch den «christliche[n] Gottesbegriff [...] Gott zum *Widerspruch des Lebens* abgeartet [ist], statt dessen Verklärung und ewiges Ja zu sein»[302]. Was dieser Philosoph, Friedrich Nietzsche, mit antichristlichem Furor verkündigt, ist aus der Sicht Dietrich Bonhoeffers eine Frucht konsequenter christlicher, genauer gesagt christologischer Theologie. Nietzsche lässt seinen Zarathustra fordern: «Ich beschwöre euch, meine Brüder, *bleibt der Erde treu* und glaubt Denen nicht, welche euch von überirdischen Hoffnungen reden! Giftmischer sind es, ob sie es wissen oder nicht.»[303] Und Bonhoeffer sagt ganz im Sinne dieser Treue zur Erde über den Christen:

---

299 A. a. O., 548f.
300 A. a. O., 414.
301 Friedrich Nietzsche, Der Antichrist, KSA 6, 185.
302 Ebd.
303 Friedrich Nietzsche, Also sprach Zarathustra. Ein Buch für Alle und Keinen, KSA 4, 15.

«Der Christ hat nicht wie die Gläubigen der Erlösungsmythen aus den irdischen Aufgaben und Schwierigkeiten immer noch eine letzte Ausflucht ins Ewige, sondern er muss das irdische Leben wie Christus (‹mein Gott, warum hast du mich verlassen?›) ganz auskosten und nur indem er das tut, ist der Gekreuzigte und Auferstandene bei ihm und ist er mit Christus gekreuzigt und auferstanden. Das Diesseits darf nicht vorzeitig aufgehoben werden. Darin bleiben Neues Testament und Altes Testament verbunden. Erlösungsmythen entstehen aus den menschlichen Grenzerfahrungen. Christus aber fasst den Menschen in der Mitte seines Lebens.»[304]

Man könnte nun meinen, dass gerade Bonhoeffers Erinnerung an den Gekreuzigten in diesem Zusammenhang sichtbar macht, wie meilenweit er doch von Nietzsche entfernt ist. Es wird sich allerdings später noch zeigen, was in Nietzsches Polemik gegen das Christentum leicht untergeht und daher gerne übersehen wird: dass nämlich Nietzsches antichristliche Christentumskritik ihre eigentliche Stosskraft aus Nietzsches Hinwendung zum Gekreuzigten bezieht. Christus am Kreuz – das ist für Friedrich Nietzsche insofern der wahre Anti-Christ, als er das Gegenteil dessen verkörpert, was Christen insbesondere unter dem Eindruck des «Dysangelisten»[305] Paulus für christlich und für das Evangelium halten.

In der Vorstellung eines jenseitigen Gottes wird Nietzsche zufolge «das Nichts vergöttlicht, der Wille zum Nichts heilig gesprochen!»[306] Gott erscheint nicht als «stolzer Heidengott». Vielmehr «transfigurirte er sich ins immer Dünnere und Blässere, ward ‹Ideal›, ward ‹reiner Geist›, ward ‹absolutum›, ward ‹Ding an sich› ... *Verfall eines Gottes*»[307].

---

304 Bonhoeffer, Widerstand und Ergebung, DBW 8, 500f.
305 Nietzsche, Der Antichrist, KSA 6, 216.
306 A. a. O., 185.
307 A. a. O., 184.

Bonhoeffer sagt Ähnliches anders. Er rühmt das Diesseits und sagt, dass das «Jenseitige [...] nicht das unendlich Ferne, sondern das Nächste»[308] sei. Und so kann die neuzeitliche Geschichte der Verdiesseitigung der Welt und der Entfernung des Lückenbüssergottes aus der Mitte der Realität von Bonhoeffer auf einmal emphatisch begrüsst werden. Um den metaphysischen Gott ist es nämlich nicht schade. Es ist nicht schade darum, «dass Gott immer weiter aus dem Bereich der mündig gewordenen Welt, aus unseren Erkenntnis- und Lebensbereichen hinausgeschoben wird und seit Kant nur noch jenseits der Erfahrung Raum behalten hat»[309]. Denn dieser Jenseitsgott ist überhaupt kein Gott, sondern null und nichtig. Wenn die Theologie diesen Gott «bei den sogenannten letzten Fragen als deus ex machina»[310] auf den Plan treten lässt, dann begreift «der Mann ohne Lebensfragen»[311], dass es nichts ist mit diesem fern jeder Realität angesiedelten Gott und dass dieser Gott zu unwirklich ist, um wahr sein zu können. Einen Gott, der sich immer schon aus der Mitte des Daseins heraus verdünnisiert hat und allenfalls als Gegenteil des Daseins beschworen wird, kann man, wie Nietzsche es ausdrückt, nur als «erbarmungswürdig»[312] bezeichnen. Und das ist so ziemlich das despektierlichste und erniedrigendste Wort, das Nietzsche parat hat.

> «Man nennt das Christenthum die Religion des *Mitleidens*. – Das Mitleiden steht im Gegensatz zu den tonischen Affekten, welche die Energie des Lebensgefühls erhöhn: es wirkt depressiv. Man verliert Kraft, wenn man mitleide[t]. Durch das Mitleiden vermehrt und vervielfältigt sich die Einbusse an Kraft noch, die an sich schon das Leiden dem Menschen br[ingt]. Das Leiden selbst wird durch das Mitleiden ansteckend; unter Umständen kann mit ihm

---

308 Dietrich Bonhoeffer, Widerstand und Ergebung, DBW 8, 551.
309 A. a. O., 503.
310 Ebd.
311 Ebd.
312 Friedrich Nietzsche, Der Antichrist, KSA 6, 185.

eine Gesammt-Einbusse an Leben und Lebens-Energie erreicht werden.»[313]

Natürlich hätte Bonhoeffer, der Freund des Menschseins für andere, das nie so formulieren können. Und am Punkt von Nietzsches Kritik des Erbarmensethos gehen Bonhoeffers und Nietzsches Wege denn auch weit auseinander, so eng sie auf dem Terrain des Lebenspathos dann wieder nebeneinanderher herlaufen. Dennoch sieht Nietzsche geradezu erschreckend scharfsichtig voraus, welche Züge eine Religion annehmen muss, die den geschwächten Gott weiter auf ihrem Weg mitschleppt. Es kann nur eine erbarmungswürdige Religion eines erbarmungswürdigen Gottes oder eben ein erbärmliches Christentum des erbarmungswürdigen Menschseins für andere sein. Während also der Metaphysikkritiker Dietrich Bonhoeffer zur Erbarmungswürdigkeit Gottes flieht und Christen dazu aufruft, diesem erbarmungswürdigen Gott beizustehen, will Nietzsche diesem erbarmungswürdigen Gott den Rücken kehren. Er nimmt angewidert vor ihm und vor dem Christentum Reissaus. Vom Christentum, so Friedrich Nietzsche, trennt «uns» nicht,

«dass wir keinen Gott wiederfinden, weder in der Geschichte, noch in der Natur, noch hinter der Natur, – sondern dass wir, was als Gott verehrt wurde, nicht als ‹göttlich›, sondern als erbarmungswürdig, als absurd, als schändlich empfinden, nicht nur als Irrthum, sondern als *Verbrechen am Leben* … Wir leugnen Gott als Gott … Wenn man uns diesen Gott der Christen *bewiese*, wir würden ihn noch weniger zu glauben wissen. – In Formel: deus, qualem Paulus creavit, dei negatio.»[314]

Die Negation eines wirklich lebendigen Gottes ist der erbarmungswürdige Christengott des Paulus aus Nietzsches Sicht

---

313 A. a. O., 173.
314 A. a. O., 225.

natürlich deshalb, weil er schwach, also gemessen an Nietzsches Vitalismus des *survival of the fittest* eine lebensunfähige und lebensunwerte Witzfigur ist.[315] Der Christus der späten Briefe Bonhoeffers wäre für Nietzsche zweifellos ebenso eine solche Witzfigur gewesen wie der ätherische, «zum *Widerspruch des Lebens* abgeartet[e]»[316] metaphysische Gott – ebenso wie Bonhoeffers Christen für andere für Nietzsche natürlich Witzfiguren gewesen wären – und zwar im wahrsten Sinne des Wortes *erbärmliche* Witzfiguren. Denn, so Nietzsche, der Mensch, insbesondere der Mensch für andere, «ist Etwas, das überwunden werden soll»[317]. Und weil dem so ist, muss man «der Menschheit überlegen sein durch Kraft, durch *Höhe* der Seele, – durch Verachtung»[318].

Dass Christinnen und Christen, die einem schwachen und ohnmächtigen Gott erbarmensethisch beistehen, ja doch eigentlich zu starken Menschen, also zu Menschen ganz nach Nietzsches Geschmack werden müssen, hätte Nietzsche vermutlich nicht sehen können, weil ihn Moralismus und Barmherzigkeitsethos jeder Couleur anwiderten. Oder hätte Dietrich Bonhoeffer Nietzsche dazu bringen können, es zu sehen? Wäre der Christenhasser und Schwächeverächter Nietzsche am Ende von Bonhoeffer, dem Überchristen, aufgrund von dessen aristokratischer Stärke zu beeindrucken gewesen?

Man muss nur Bonhoeffers Beschreibung seiner Begegnung mit einem Mitgefangenen lesen, um diese Frage doch mit

---

315 Nietzsches philosophische Idealtypen des starken Lebens verkörpern bekanntlich das genaue psychische und physische Gegenteil des schwachen und wehleidigen, kaum belastbaren, früh berenteten, stets kränkelnden und am Ende schwerkranken Philosophen. Während der wirkliche Nietzsche aus der Perspektive von Nietzsches Philosophie als lebensschwache «Witzfigur» erscheint, verleiht diese Philosophie ihrem Autor die Grandiosität, die das Leben ihm vorenthielt.
316 Friedrich Nietzsche, Der Antichrist, KSA 6, 185.
317 Friedrich Nietzsche, Also sprach Zarathustra, KSA 4, 14.
318 Friedrich Nietzsche, Der Antichrist, KSA 6, 168.

einem Ja zu beantworten.[319] Auch Bonhoeffer verachtete Schwäche – insbesondere seelische Schwäche. Er war davon überzeugt, dass sich die «stärkste Autorität» durch «Haltung»[320] bildet. Für Menschen, die sich in den Komfortzonen ihres Lebens menschenverachtend in die Brust werfen, aber in Stresszonen «eine wirklich traurige Figur» machen, «herumwimmern»[321], «sich die Hosen vollmach[en]»[322] und «total zusammen[klappen]»[323], hatte Dietrich Bonhoeffer nur völlige Mitleidlosigkeit[324] übrig. Umgekehrt vermutete er, dass die solchermassen von ihm verachteten Mitgefangenen ihn «wahrscheinlich für einen sehr zweifelhaften Christen»[325] hielten.

Nietzsche hätte Bonhoeffers Mitleidlosigkeit gegenüber den wehleidig Winselnden[326] zweifellos begrüsst, weil er in ihr die übermenschlichen Eigenschaften wiedererkannt hätte, die er seinen Zarathustra verkünden lässt. – Ob Nietzsche auch hätte sehen können, dass es nicht nur einen Übermenschen der überschäumend überlegenen, sondern auch einen Übermenschen der überschäumend liebenden Hinwendung zum schwachen und vergänglichen Dasein gibt?

Ein Blick auf Friedrich Nietzsches Texte zeigt, dass er es durchaus sieht. Und zwar vor allem dort, wo der «Antichrist» in der Todesstunde Christi ressentimentfrei auf Christus, den ressentimentfreien Menschen blickt. Dort, wo Nietzsche den sterbenden Christus sein grosses Ja zu allen Dingen und Menschen sprechen sieht, ähnelt dieser Christus, wie wir noch sehen wer-

---

319 Dietrich Bonhoeffer, Widerstand und Ergebung, DBW 8, 249. Vgl. auch 294 und 312.
320 A. a. O., 226.
321 A. a. O., 294.
322 A. a. O., 312.
323 A. a. O., 249.
324 A. a. O., 312.
325 Ebd.
326 A. a. O., 313.

den, Nietzsches antichristlichen Kunstfiguren: dem Zarathustra und insbesondere dem Dionysos, ja dem Antichrist selbst.

Die Beseitigung des metaphysischen Gottes zugunsten des starken und sinnlichen diesseitigen Lebens hat für Friedrich Nietzsche übrigens auch noch in anderer Hinsicht ein Gutes. Denn der von der mündigen Welt für nichtig erklärte Gott steht fortan der Selbstverwirklichung und dem Glücksstreben des Menschen nicht mehr im Weg. «There's probably no God. Now stop worrying and enjoy your life!», war in den Jahren 2008 und 2009 auf britischen Bussen zu lesen. Die «Atheist Bus Campaign»[327] der *British Humanist Association* hatte verstanden, worum es Nietzsche ging: um die Erledigung des lebensfernen und lebensfeindlichen Gottes, die endlich den Weg zur hemmungslosen abenteuerlichen Befahrung der Weltmeere frei macht.

«Wir haben das Land verlassen und sind zu Schiff gegangen! Wir haben die Brücke hinter uns, – mehr noch, wir haben das Land hinter uns abgebrochen!»[328], schreibt Nietzsche hochgestimmt in seiner «Fröhlichen Wissenschaft». «Das grösste neuere Ereigniss, – dass ‹Gott todt ist›, dass der Glaube an den christlichen Gott unglaubwürdig geworden ist»[329], lässt die Herzen aller freien Geister höher schlagen:

> «[W]ir Philosophen und ‹freien Geister› fühlen uns bei der Nachricht, dass der ‹alte Gott todt› ist, wie von einer neuen Morgenröthe angestrahlt; unser Herz strömt dabei über von Dankbarkeit, Erstaunen, Ahnung, Erwartung, – endlich erscheint uns der Horizont wieder frei, gesetzt selbst, dass er nicht hell ist, endlich dürfen unsre Schiffe wieder auslaufen, auf jede Gefahr hin auslaufen, jedes Wagniss des Erkennenden ist wieder erlaubt, das Meer, *unser* Meer

---

327 Siehe https://en.wikipedia.org/wiki/Atheist_Bus_Campaign, aufgerufen am 1. Juni 2021. Die Kampagne wurde seiner unterstützt von Richard Dawkins, einem der bekanntesten militanten Atheisten unserer Zeit.
328 Friedrich Nietzsche, Die fröhliche Wissenschaft, KSA 3, 480.
329 A. a. O., 573.

liegt wieder offen da, vielleicht gab es noch niemals ein so ‹offnes Meer›.»[330]

Zweifellos sehnte sich auch der Gefangene von Berlin nach diesem offenen Meer und nach der unendlichen Weite des Horizonts. Er sehnte sich danach, dass dem Diktator das Handwerk gelegt und in Deutschland und Europa wieder unbegrenzteres Leben möglich sein würde. Nach dem verlorenen Gott, den ihm seine theologische Erkenntniskrise geraubt hatte, sehnte er sich nicht. Er nahm weniger euphorisch als vielmehr stoisch hin, dass dieses Leben ein Leben ohne Gott zu sein hatte. Nietzsches geradezu manische Hochstimmung erfüllt Bonhoeffers Gefängnisbriefe nicht. Aber es ist nicht nur Nietzsches Hochstimmung, die Bonhoeffer nicht teilt. Er teilt auch nicht dessen Wissen um den Abgrund, in den Menschen zu stürzen drohen, wenn sie Gott hinter sich lassen. Nietzsche dagegen weiss etwas, das Bonhoeffer nicht zu wissen scheint oder nicht wissen will. Er weiss, dass die Verabschiedung Gottes, die Loskettung der Erde von ihrer Sonne, nicht nur aufputscht, sondern schwindelerregend ist, seekrank machen und Heimweh hervorrufen kann:

«Nun, Schifflein! sieh' dich vor! Neben dir liegt der Ocean, es ist wahr, er brüllt nicht immer, und mitunter liegt er da, wie Seide und Gold und Träumerei der Güte. Aber es kommen Stunden, wo du erkennen wirst, dass er unendlich ist und dass es nichts Furchtbareres giebt, als Unendlichkeit. Oh des armen Vogels, der sich frei gefühlt hat und nun an die Wände dieses Käfigs stösst! Wehe, wenn das Land-Heimweh dich befällt, als ob dort mehr *Freiheit* gewesen wäre, – und es giebt kein ‹Land› mehr!»[331]

Der tolle Mensch, den Nietzsche den Tod Gottes verkünden lässt, ist sich trotz aller Verrücktheit im Gegensatz zu Bonhoef-

---

330 A. a. O., 574.
331 A. a. O., 480.

fer darüber im Klaren, dass die Tötung Gottes eigentlich nicht auszuhalten ist und nicht kompensiert werden kann, schon gar nicht christlich. Denn sie ist nichts Geringeres als eine Weltbilderschütterung, deren destabilisierendes und anarchisches Potenzial nur von Arglosen unterschätzt und nur von Kontrollverlustfreien ungerührt toleriert werden kann. Und so fragt Nietzsche, den es angesichts des von ihm ausgelösten Erdbebens zu schaudern beginnt:

> «Was thaten wir, als wir diese Erde von ihrer Sonne losketteten? Wohin bewegt sie sich nun? Wohin bewegen wir uns? Fort von allen Sonnen? Stürzen wir nicht fortwährend? Und rückwärts, vorwärts, nach allen Seiten? Gibt es noch ein Oben und ein Unten? Irren wir nicht wie durch ein unendliches Nichts?»[332]

Nietzsche weiss also, was auch Hermann von Bezzel wusste, was aber Dietrich Bonhoeffer – zumindest im Sommer 1944 – offenkundig nicht weiss oder nicht wissen will: «Wenn Gott stirbt, kommen die Gespenster»[333]. Die Gespenster des freien Falls. Die Gespenster des «Nichts», dem sich die abendländische Welt «in die Arme» wirft, wie Bonhoeffer in seiner «Ethik» voraussieht.[334] Und die Gespenster der Herrschaft des brutalen Lebens, das Bonhoeffer das Leben kostete.

Während Nietzsche die Konsequenzen der Tötung Gottes mit dramatischen, also keineswegs nur euphorischen Metaphern illustriert, fehlt Bonhoeffer, der nicht im Geringsten mit der handstreichmässigen Erledigung der Religion und des Theismus zu hadern scheint, der Sinn für derlei Drama – und seltsamerweise auch die Vorstellungskraft für die Schattenseiten dessen, was er hinnimmt und theologisch begrüsst. Und so

---

332 A. a. O., 481.
333 Hermann von Bezzel, Pflichten in ernster Zeit, Vortrag am Sonntag Judica, Ansbach 1914, 12. Siehe online unter https://de.wikisource.org/wiki/Pflichten_in_ernster_Zeit, aufgerufen am 1. Juni 2021.
334 Dietrich Bonhoeffer, Ethik, DBW 6, 119.

schreibt er viel ungerührter als Nietzsche über die Sehnsucht nach dem *salto mortale* zurück ins Mittelalter und ins Kinderland der heilen metaphysischen Welt des *corpus christianum*: «Diesen Weg gibt es nicht.»[335] Punktum.

Natürlich kann Bonhoeffer Gott deshalb so gelassen in den Konjunktiv verabschieden, weil das Leben ohne Gott Bonhoeffer zufolge ja eben gottgewollt ist, also Bonhoeffers Gelassenheit letztlich dann doch einem tiefen Vertrauen in den Willen und in die Vorsehung Gottes entspringt. Selbst Gottesferne und Gottlosigkeit lassen sich ja ertragen, wenn man sie als Moment der Geschichte Gottes mit seiner Welt zu deuten vermag. Die Krise, in die andere vielleicht gestürzt wären, konnte Bonhoeffer also auch deshalb nichts anhaben, weil er sie im Sinne Hegels[336] und Heideggers als Gottesentzug, also als Ausdruck des Handelns Gottes zu lesen und zu leben vermochte. Denn es ist ja eben kein anderer als Gott selbst, der «uns zu wissen [gibt], dass wir leben müssen als solche, die mit dem Leben ohne Gott fertig werden. Der Gott, der mit uns ist, ist der Gott, der uns verlässt.»[337] Und so scheint für Bonhoeffer gewissermassen negativ-theologisch eben auch das Umgekehrte zu gelten: Der Gott, der uns verlässt, ist der Gott, der mit uns ist. Man kann also womöglich doch leben, als ob es Gott nicht gäbe, und zugleich von guten Mächten wunderbar geborgen sein. Oder etwa nicht?

Ich wage das zu bezweifeln. Denn entweder verharmlost es Bonhoeffers gottesverohnmächtigende Religionskritik, die «mit einer falschen Gottesvorstellung aufgeräumt»[338] haben will und keinen metaphysischen Rettungsschirm für den aus der Welt herausgekreuzigten toten Christus vorsieht. Oder es verharmlost den «frommen» Bonhoeffer und unterschätzt dessen transzendenzgewissheitsgesättigtes, in tief religiöser Sprache

---

335 Dietrich Bonhoeffer, Widerstand und Ergebung, DBW 8, 533.
336 Eberhard Jüngel deutet Bonhoeffer denn auch von Hegel her. Siehe Jüngel, Gott als Geheimnis der Welt, 83.
337 Dietrich Bonhoeffer, Widerstand und Ergebung, DBW 8, 533.
338 A. a. O., 534f.

artikuliertes Vertrauen auf die Vorsehungsmacht Gottes, von dessen freundlicher Führung[339] und Gegenwart er überzeugt ist. Was aber stimmt nun? Dass «*Tod* [...] bei Göttern immer nur ein Vorurtheil»[340] ist oder dass der getötete Christus und also auch Gott tot ist und bleibt[341]?

Zurück zu Nietzsche also. Der registriert wie gesehen den Schweregrad des von ihm ausgelösten und begrüssten Bebens eines Lebens ohne Gott. Er ist sich darüber im Klaren, dass es so einfach mit der Abschaffung der Religion nicht ist, und er weiss, was geschehen müsste, wenn der Tod Gottes wirklich ins Bewusstsein der Menschen einsickern, wenn sie also wirklich realisieren würden, dass «[d]as Heiligste und Mächtigste, was die Welt bisher besass, [...] unter unseren Messern verblutet» ist. Nietzsche ist sich der Konsequenzen dieser Tat gewahr und fragt:

> «[W]er wischt diess Blut von uns ab? Mit welchem Wasser könnten wir uns reinigen? Welche Sühnfeiern, welche heiligen Spiele werden wir erfinden müssen? Ist nicht die Grösse dieser That zu gross für uns? Müssen wir nicht selber zu Göttern werden, um nur ihrer würdig zu erscheinen? Es gab nie eine grössere That, – und wer nur immer nach uns geboren wird, gehört um dieser That willen in eine höhere Geschichte, als alle Geschichte bisher war!»[342]

Über Bonhoeffers abgeklärt aufgeklärte Vorstellung, dass eine Menschheit, die religionslos *etsi deus non daretur* lebt, keiner Substitutionstherapien und keines neuen Opiums bedürfen werde, um die religionskritische Tötung Gottes zu verwinden, hätte Nietzsche also nur lachen können. Letztlich sah er die moralistischen und ökologistischen «Sühnfeiern» voraus, deren

---

339 A. a. O., 543.
340 Friedrich Nietzsche, Also sprach Zarathustra, KSA 4, 391.
341 Friedrich Nietzsche, Die fröhliche Wissenschaft, KSA 3, 480.
342 A. a. O., 481.

Zeugen und Zeuginnen wir heute im Land Bonhoeffers und Nietzsches sind. Er sah voraus, dass der unter unseren Messern verblutete Gott uns heimsuchen und anders, als Bonhoeffer in seiner Spättheologie es voraussagte, in Gestalt der «Vergottung des Menschen»[343] wiederkehren würde, die Bonhoeffer im Kapitel «Erbe und Verfall» seiner «Ethik» illusionslos vor Augen hat, aber dann aus den Augen verliert.

Dennoch sind sich Nietzsche und Bonhoeffer in einem Punkt einig, auch wenn Bonhoeffer dies vor sich selbst zu verschleiern sucht. Weil Religion nur durch Religion ersetzt werden kann, wird die Geschichte der Metaphysik darauf hinauslaufen, dass der Mensch zum Gott der Erde werden wird und werden muss.[344]

Nietzsche ruft aus: «*[W]enn* es Götter gäbe, wie hielte ich's aus, kein Gott zu sein!»[345] Dasselbe gilt auch und gerade dann, wenn es keine Götter geben sollte. Und so pflanzt Dietrich Bonhoeffer, der von Nietzsche in einen übermenschlichen Atheismus Wachgeküsste, seiner Kirche die andere rhetorische Frage ins Herz: «Wenn es keinen Gott gibt, wie könnten Christenmenschen es aushalten, keine Götter zu sein?»

---

343 Dietrich Bonhoeffer, Ethik, DBW 6, 114.
344 Siehe dazu auch Yuval Noah Harari, Homo Deus. A Brief History of Tomorrow, London 2016.
345 Friedrich Nietzsche, Also sprach Zarathustra, KSA 4, 110.

10

Die Bejahung des intensiven Lebens

Dionysische Theologie

> «Der Christ [...] muss das irdische Leben wie Christus [...] ganz auskosten und nur indem er das tut, ist der Gekreuzigte und Auferstandene bei ihm und ist er mit Christus gekreuzigt und auferstanden.»[346]
>
> *Dietrich Bonhoeffer*

Im Traum, den ich Dietrich Bonhoeffer habe träumen lassen, segnet Friedrich Nietzsche als Christus vermummt das Zeitliche. In Nietzsches Philosophie tut er dasselbe in Gestalt der imaginären Figur des Zarathustra. Auch Zarathustra, der den Übermenschen als «Sinn der Erde»[347] lehrt, verkündigt das Evangelium der tiefen Diesseitigkeit, wenn er an die Menschheit appelliert:

> «Bleibt mir der Erde treu, meine Brüder, mit der Macht eurer Tugend! Eure schenkende Liebe und eure Erkenntniss diene dem Sinn der Erde! Also bitte und beschwöre ich euch. Lasst sie nicht davon fliegen vom Irdischen und mit den Flügeln gegen ewige Wände schlagen! Ach, es gab immer so viel verflogene Tugend!

---

346 Dietrich Bonhoeffer, Widerstand und Ergebung, DBW 8, 500f.
347 Friedrich Nietzsche, Also sprach Zarathustra, KSA 4, 14.

Führt, gleich mir, die verflogene Tugend zur Erde zurück – ja, zurück zu Leib und Leben: dass sie der Erde ihren Sinn gebe, einen Menschen-Sinn!»[348]

Ebenso wie Zarathustra, der Nein sagt «zu Allem, wozu man bisher Ja sagte», und «trotzdem der Gegensatz eines neinsagenden Geistes ist»,[349] trägt Dionysos als Inbegriff des «freudigen und vertrauten Fatalismus [...]» in «alle Abgründe» sein «segnendes Jasagen»[350]. Als «vitaler und verführerisch sanfter Allbejaher»[351] spricht er «das grosse Ja zu allen [...] Dingen»[352] und ist er «das ungeheure [...] Ja- und Amen-Sagen»[353].

Nun scheint es, als könne im Unterschied zu Zarathustra und Dionysos der «Antichrist» nur als neinsagendster aller Geister, eben als Widersacher Jesu Christi und als ewiger Ankläger des Christentums[354] in Erscheinung treten. Aber Friedrich Nietzsche macht einen bemerkenswerten Unterschied zwischen Jesus und dem Christentum. Nietzsche versteht sich als Antichrist im Blick auf alles Christliche, aber nicht als Antichrist im Blick auf Jesus, den er eigentümlich respektvoll vor allem Christlichen in Sicherheit zu bringen sucht. Offenbar verwirrt Jesus Christus Friedrich Nietzsche. Er passt nicht in sein Bild des Christentums und auch nicht ins Bild seiner Philosophie. Der Nazarener ist für Nietzsche der exterritoriale ganz Andere. Er ist geradezu der verklärte Fremde.

---

348 A. a. O., 99f.
349 Friedrich Nietzsche, Ecce Homo, KSA 6, 345.
350 Ebd.
351 So der Germanist Heinrich Detering, der das wohl lesenswerteste und faszinierendste theologische Buch über Friedrich Nietzsche geschrieben hat. Heinrich Detering, Der Antichrist und der Gekreuzigte. Friedrich Nietzsches letzte Texte, Göttingen 2010, 56 und 55.
352 Friedrich Nietzsche, Der Antichrist, KSA 6, 251.
353 Friedrich Nietzsche, Ecce Homo, KSA 6, 345.
354 Friedrich Nietzsche, Der Antichrist, KSA 6, 253.

Wer Nietzsche, den Alleszermalmer des Christentums, nur von selektiver Lektüre her oder dem Vorurteil nach kennt, dürfte sich daher die Augen reiben, wenn ihn bei der Lektüre von Nietzsches Schrift «Der Antichrist» die Erkenntnis überfällt, dass der «jasagendste aller Geister»[355] weder Zarathustra noch Dionysos, sondern – Jesus am Kreuz ist. «Man könnte», so der Antichrist Friedrich Nietzsche mit dem höchsten Kompliment, das er zu vergeben hat,[356] «mit einiger Toleranz im Ausdruck, Jesus einen ‹freien Geist› nennen […] Das *Verneinen* ist […] das ihm ganz Unmögliche»[357].

> «Die ‹gute Botschaft› ist eben, dass es keine Gegensätze mehr gibt; das Himmelreich gehört den *Kindern*; der Glaube, der hier laut wird, ist kein erkämpfter Glaube, – er ist da, er ist von Anfang, er ist gleichsam eine ins Geistige zurückgetretene Kindlichkeit […] Ein solcher Glaube zürnt nicht, tadelt nicht, wehrt sich nicht: er bringt nicht ‹das Schwert›, […] er *lebt*»[358].

Dass gerade Jesus zur Inkarnation von Nietzsches antichristlicher Lebensphilosophie avanciert, ist so überraschend wie bemerkenswert. Und überraschend und bemerkenswert ist auch, dass Nietzsche, der Todfeind des Christlichen, Christus selbst als ersten und eigentlichen Todfeind des Christlichen identifiziert. Er, Jesus von Nazaret, nicht Friedrich Nietzsche, ist der Antichrist. Und er, Jesus von Nazaret, ist zugleich der einzige Christ: «Das Wort […] ‹Christentum› ist ein Missverständnis –, im Grunde gab es nur Einen Christen, und der starb am Kreuz. Das ‹Evangelium› *starb* am Kreuz.»[359] Und der, der am Kreuz starb, stellt das schlechthinnige Gegenteil dessen dar,

---

355 Friedrich Nietzsche, Ecce Homo, KSA 6, 343 über Zarathustra.
356 Heinrich Detering, Der Antichrist und der Gekreuzigte, 52.
357 Friedrich Nietzsche, Der Antichrist, KSA 6, 204.
358 A. a. O., 203.
359 A. a. O., 211.

was Paulus aus ihm machte. Der Antichrist ist also zugleich der Anti-Paulus.

Über den Antichristen Jesus, den «Sohn», sagt der Antichrist Nietzsche, indem er die Christologie und die Rechtfertigungstheologie auf seine Weise und fern von Paulus decodiert und dabei die Werte des Christentums umwertet:

> «[M]it dem Wort ‹Sohn› ist der *Eintritt* in das Gesammt-Verklärungs-Gefühl aller Dinge (die Seligkeit) ausgedrückt, mit dem Wort ‹Vater› *dieses Gefühl selbst*, das Ewigkeits-, das Vollendungs-Gefühl […] Das ‹Himmelreich› ist ein Zustand des Herzens – nicht Etwas, das ‹über der Erde› oder ‹nach dem Tode› kommt. Der ganze Begriff des natürlichen Todes *fehlt* im Evangelium […] Die ‹Todesstunde› ist *kein* christlicher Begriff – die ‹Stunde›, die Zeit, das physische Leben und seine Krisen sind gar nicht vorhanden für den Lehrer der ‹frohen Botschaft› … Das ‹Reich Gottes› ist nichts, das man erwartet; es hat kein Gestern und kein Übermorgen, es kommt nicht in ‹tausend Jahren› – es ist eine Erfahrung an einem Herzen; es ist überall da, es ist nirgends da […] Dieser ‹frohe Botschafter› starb wie er lebte, wie er *lehrte* – nicht um ‹die Menschen zu erlösen›, sondern um es zu zeigen, wie man zu leben hat. Die *Praktik* ist es, welche er der Menschheit hinterliess – sein Verhalten am *Kreuz*. Er widersteht nicht, er vertheidigt nicht sein Recht, er thut keinen Schritt, der das Äusserste von ihm abwehrt, mehr noch, *er fordert es heraus* … Und er bittet, er leidet, er liebt *mit* denen, in denen, die ihm Böses thun … Die Worte zum *Schächer* am Kreuz enthalten das ganze Evangelium. ‹Das ist wahrlich ein *göttlicher* Mensch gewesen, ein ‹Kind Gottes›, sagt der Schächer. ‹Wenn du dies fühlst – antwortet der Erlöser – *so bist du im Paradiese*, so bist auch du ein Kind Gottes …› *Nicht* sich wehren, *nicht* zürnen, *nicht* verantwortlich-machen … Sondern auch nicht dem Bösen widerstehen, – ihn *lieben* …»[360]

---

360 A. a. O., 207f. Der offenbar wenig bibelfeste Nietzsche bringt hier sichtlich in Lukas 23 einiges durcheinander.

Nietzsches Apotheose des Gekreuzigten feiert und verherrlicht den sterbenden Jesus als den Typus Mensch oder vielmehr den Typus Übermensch, der über die Gabe verfügt, so in der Gegenwart zu leben, als ob diese Gegenwart trotz aller Unlust und trotz allen Todes die reine Lust wäre. Christus am Kreuz, der den Tod als «Fest»[361] feiert und sein tiefes Einverständnis mit ihm erklärt, wird zum wahren Zarathustra, in dessen berühmtem «Mitternachtslied» bereits das ewige Jetzt von Nietzsches Kreuzestheologie anklingt: «*Weh spricht: Vergeh! Doch alle Lust will Ewigkeit – , – will tiefe, tiefe Ewigkeit!*»[362]

Der späte Nietzsche hat also die Stirn, den sterbenden Jesus im gnädigen Delirium der finalen Endorphinausschüttung das Weh für die Lust und den Tod für die Ewigkeit halten zu lassen. Aber genau auf diese Weise verschmelzen in der Gestalt Jesu, in der Zarathustra und Dionysos verschmelzen, Weh, Lust und Ewigkeit zu einem erhabenen Ja zu allen Dingen. Der «Gekreuzigte spricht im jesuanischen und dionysischen Tempus des stehenden Jetzt, dem kein Sterben etwas anhaben kann.»[363] Am Kreuz ist er gewissermassen bereits im Paradies. Nietzsches eigentliche «Umwerthung aller Werte»[364] scheint also nicht in der Zerstörung des Christentums, sondern darin zu bestehen, dass er den sterbenden Christus die Welt so sehen lässt, wie sie das Christentum Nietzsche zufolge nie zu sehen und nie zu sehen lehren vermochte.

Natürlich verzeichnet Nietzsche damit nicht nur das Christentum und dessen grössten Apostel, Paulus. Er verzeichnet auch den Gekreuzigten. Er taucht die Härte und den Schmerz des Kreuzes geradezu in ein mildes Abendlicht. In diesem milden Abendlicht erscheint nicht nur Nietzsches Dionysos weichgezeichnet und entschärft. Auch Jesus tritt seines Welt- und

---

361 Friedrich Nietzsche, Also sprach Zarathustra, KSA 4, 93.
362 A. a. O., 404.
363 Heinrich Detering, Der Antichrist und der Gekreuzigte, 77.
364 Friedrich Nietzsche, Der Antichrist, KSA 6, 253.

Gottesschmerzes beraubt als selig und lebenssatt Sterbender in Erscheinung. Aber durch diese Weichzeichnung kann Nietzsche beide ineinander überblenden. «[Der] jesuanisch transformierte Dionysos und der dionysisch transformierte Gekreuzigte sind nur noch unterschiedliche Aspekte ein und derselben Figur»[365].

«[So verschmelzen] zwei [...] *grands recits* der abendländischen Tradition zu einer neuen Erzählung: dem neuen, chiliastisch verschränkten Mythos von der Kreuzigung des Dionysos und der Zerreissung Christi als ein und desselben Geschehens, das ein und derselben Gestalt widerfährt und das jenseits aller griechischen wie frühchristlichen (wie Nietzscheanischen) Gewaltimaginationen und Grössenphantasien die Überwindung der Gewalt bezeichnet – den Triumph einer Stärke, die in der souveränen Schwäche liegt, in bejahender Sanftmut, Heiterkeit, Liebe.»[366]

Nietzsches sterbender Jesus gibt sich in souveräner Schwäche der Wirklichkeit hin. Darin liegt sein Sieg. Aber «gerade ein solcher Tod *war* eben», so Nietzsche, nichts anderes als die Gegenwart des «Reich[es] Gottes»[367].

Nebenbei bemerkt: Nietzsche hätte natürlich auch einen anderen Deutungsweg einschlagen und die Vitalität sowohl des Dionysos als auch des Gekreuzigten als verzweifelte Passion, also im Sinne von Markus 15,34 als leidenschaftliches Aufbegehren gegen den Tod und als Allegorie eines herzzerreissenden Lebens und Sterbens philosophisch zur Sprache bringen können. Eigentlich wäre es vor dem Hintergrund einer konsequent dionysischen Philosophie naheliegender gewesen, Jesus am Kreuz verrückt statt gewissermassen seelisch entrückt werden zu lassen. Nietzsche hätte den Christus-Dionysos schmerzzer-

---

365 Heinrich Detering, Der Antichrist und der Gekreuzigte, 147.
366 A. a. O., 104f.
367 Friedrich Nietzsche, Der Antichrist, KSA 6, 214.

rissen brüllend als wahnsinnigen Gottmenschen seinen Geist aufgeben lassen können. Aber das tut Nietzsche nicht. Er tut es genauso wenig, wie Bonhoeffer es tut, der in seinem Brief vom 27. Juni 1944 eine nahezu unheimliche Übereinstimmung mit Nietzsches Lebensphilosophie und mit Nietzsches Kreuzestheologie an den Tag legt, wenn er schreibt:

«Der Christ hat nicht wie die Gläubigen der Erlösungsmythen aus den irdischen Aufgaben und Schwierigkeiten immer noch eine letzte Ausflucht ins Ewige, sondern muss das irdische Leben wie Christus (‹mein Gott, warum hast du mich verlassen?›) ganz auskosten und nur indem er das tut, ist der Gekreuzigte und Auferstandene bei ihm und ist er mit Christus gekreuzigt und auferstanden. Das Diesseits darf nicht vorzeitig aufgehoben werden. Darin bleiben Neues Testament und Altes Testament verbunden. Erlösungsmythen entstehen aus den menschlichen Grenzerfahrungen. Christus aber fasst den Menschen in der Mitte seines Lebens.»[368]

Natürlich bedeutet Auskosten nicht nur intensiven Lebensgenuss, sondern auch das Durchleiden des Daseins bis zur schmerzlichen Neige und zum bittern Ende. Man kann Bonhoeffer also nicht den Vorwurf machen, er rede das Sterben heldenhaft schön. Und doch droht das Christliche an dieser Stelle in sein Gegenteil umzuschlagen. Denn Bonhoeffers lebensphilosophische Vision der Todeshinnahme passt insbesondere deshalb eher zu Sokrates und zu Nietzsche als zu Christus, weil sie von einer Erlösung aus dem Diesseits dezidiert nichts wissen will. Dabei notiert Bonhoeffer an anderer Stelle ausdrücklich: «Sokrates überwand das Sterben, Christus überwand den Tod.»[369] Aber wer «den schweren Kelch, den bittern, des Leids gefüllt bis an den höchsten Rand […] dankbar ohne Zittern»[370]

---

368 Dietrich Bonhoeffer, Widerstand und Ergebung, DBW 8, 500f.
369 A. a. O., 368.
370 A. a. O., 608.

aus Gottes Hand nimmt, scheint letztlich mit Jerusalem weniger zu schaffen zu haben als mit Athen und eher den Heldenliedern der Griechen, der Germanen und des Zarathustra als der Bibel zugeneigt zu sein. Wer das Diesseits mit seinen Licht- und Schattenseiten derart heroisch bejaht, scheint auch ohne die Hoffnung auf Überwindung des Diesseits leben zu können – selbst wenn er an anderer Stelle beteuert, der Tod werde nur dadurch zu einem Augenblick der Freiheit, ja zum «höchsten Fest auf dem Wege zur ewigen Freiheit»[371], «dass man seine Sache ganz aus den eigenen Händen geben und in die Hände Gottes legen darf»[372]. Doch in die Hände Gottes kann man das eigene Leben natürlich nur legen, wenn man bereit ist, an einen Gott zu glauben, der andere Hände als die eigenen Hände hat. Wenn sich der Glaube an diesen Gott allerdings theologisch immer mehr zersetzt, bleibt einem eigentlich nichts anderes übrig, als das Leben ohne Gott möglichst intensiv zu leben, eben «auszukosten» und sich am Ende sogar mit dem Tod anzufreunden. Nietzsche selbst hat die letzte Utopie des letzten Menschen entsprechend demaskiert: «Ein wenig Gift ab und zu: das macht angenehme Träume. Und viel Gift zuletzt, zu einem angenehmen Sterben.»[373]

Folgt man Nietzsches und Bonhoeffers Theologie des ausgekosteten Daseins, dann muss man unweigerlich bei der Einschätzung landen, dass die Geschichte des christlichen Glaubens eine Geschichte unheilvoller christusverzerrender Missverständnisse darstellt. Das grösste dieser Missverständnisse ist Nietzsche wie Bonhoeffer zufolge, dass das Christen-

---

371 A. a. O., 571. Vgl. auch 551. Siehe Friedrich Nietzsche, Also sprach Zarathustra, KSA 4, 93.
372 Dietrich Bonhoeffer, Widerstand und Ergebung, DBW 8, 549.
373 Friedrich Nietzsche, Also sprach Zarathustra, KSA 4, 20. Aus Bonhoeffers Gefängnisbriefen des Sommers 1944 könnten allerdings im Blick auf den Freitod durchaus auch andere Konsequenzen gezogen werden, als Bonhoeffer sie in seiner «Ethik» gezogen hat. Vgl. Dietrich Bonhoeffer, Ethik, DBW 6, 192-199.

tum eine Erlösungsreligion sei und sich in dieser Hinsicht vom
Judentum unterscheide. In ihrer Abneigung gegen die Vergeistigung und Entleiblichung des Menschseins sind sich Bonhoeffer und Nietzsche jedenfalls einig.[374] Bonhoeffer schreibt:

> «Nun sagt man, das Entscheidende sei, dass im Christentum die
> Auferstehungshoffnung verkündigt würde, und dass also damit
> eine echte Erlösungsreligion entstanden sei. Das Schwergewicht
> fällt nun auf das Jenseits der Todesgrenze. Und eben hierin sehe
> ich den Fehler und die Gefahr. Erlösung heisst nun Erlösung aus
> Sorgen, Nöten, Ängsten und Sehnsüchten, aus Sünde und Tod in
> einem besseren Jenseits. Sollte dies aber wirklich das Wesentliche
> der Christusverkündigung der Evangelien und des Paulus sein? Ich
> bestreite das. Die christliche Auferstehungshoffnung unterscheidet
> sich von der mythologischen darin, dass sie den Menschen in ganz
> neuer und gegenüber dem A. T. noch verschärfter Weise an sein
> Leben auf der Erde verweist.»[375]

Das ist – mit Verlaub – theologischer Unsinn. Jedenfalls ist es
nicht christlich. Aber auch Bonhoeffer will das Christentum
und mit ihm das Evangelium ja besser verstehen, als das bisherige Christentum es verstanden hat: nämlich als Evangelium der
Erde. Dies eint ihn mit Nietzsche, der bei den gerade zitierten
Sätzen die Feder für ihn geführt zu haben scheint.

Das Christentum, so Nietzsche im Blick auf den Tod Jesu,
«verstand nicht die Hauptsache: dass eben ein solcher Tod
selbst der *höchste Sieg* über die ‹Welt› war (über die Gefühle von

---

374 Bei Bonhoeffer befördert die eingefleischte Diesseitigkeit im Unterschied zu Nietzsche eine Immunität gegen antijudaistisches Denken.
Siehe zu diesem Thema auch die Analysen von David Nirenberg, der
in der Trennung von πνευμα und σαρξ insbesondere bei Johannes
und Paulus die Wurzel des christlich-abendländischen Antijudaismus erkennt. David Nirenberg, Anti-Judaism. The Western Tradition, New York 2013.
375 Dietrich Bonhoeffer, Widerstand und Ergebung, DBW 8, 500.

Feindschaft, Rache usw.) – über das Böse, über *den* Bösen, dies immer nur als innerliche psychologische Realität verstanden»[376]. Es verstand diese präsentische individuelle Eschatologie, diesen «durchaus ursprüngliche[n] Ansatz zu einer buddhistischen Friedensbewegung, zu einem thatsächlichen, *nicht* bloss verheissenen *Glück auf Erden*»[377], nicht mehr. Es beharrte auf der Sünde, konstruierte Sühnopfertheologien, behielt einen hinterweltlerischen Gottesbegriff bei und verlegte im «Dysangelium» des Paulus «das Schwergewicht jenes ganzen Daseins *hinter* dies Dasein, – in die *Lüge* vom ‹wiederauferstandenen› Jesus. Paulus konnte im Grunde das Leben des Erlösers überhaupt nicht brauchen, – er hatte den Tod am Kreuz nötig.»[378] Und so folgte der frohen Botschaft Jesu «auf dem Fuss die *allerschlimmste*: die des Paulus. In Paulus verkörpert sich», so Nietzsche, der kein gutes Haar an Paulus lässt und ihn hassend ins Gegenteil seiner Rechtfertigungslehre verkehrt, «der Gegensatz-Typus zum ‹frohen Botschafter›, das Genie im Hass»[379]. Das paulinische Christentum schmiedet Nietzsche zufolge «aus dem Ressentiment der Massen sich seine *Hauptwaffe* [...] gegen *uns*, gegen alles Vornehme, Frohe, Hochherzige auf Erden, gegen unser Glück auf Erden [...] Das Christenthum ist ein Aufstand alles Am-Boden-Kriechenden gegen das, was *Höhe* hat: das Evangelium der ‹Niedrigen› *macht* niedrig [...]»[380] Christus dagegen ist über diese Niedrigkeit erhaben – ebenso, wie er auch über das Verneinen[381] und über die Sünde als Hemmung der Energie des Lebens erhaben ist. «Die ‹Sünde›, jedwedes Distanz-Verhältnis zwischen Gott und Mensch ist abgeschafft, – *eben das ist die ‹frohe Botschaft›*. Die Seligkeit wird nicht verheissen, sie wird nicht an Bedingungen geknüpft: sie ist die *einzige* Reali-

---

376 Friedrich Nietzsche, Nachgelassene Fragmente 1887–1889, KSA 13, 177.
377 Friedrich Nietzsche, Der Antichrist, KSA 6, 215.
378 A. a. O., 216.
379 A. a. O., 215.
380 A. a. O., 218.
381 A. a. O., 204.

tät.»³⁸² Und für diese Realität, für den «tiefe[n] Instinkt, wie man *leben* müsse», für einen «neue[n] Wandel, *nicht* ein[en] neue[n] Glaube[n]»³⁸³, tritt der Antichrist Nietzsche ein. Der Wandel ist ein Wandel hin zur Allbejahung des intensiven Lebens – ein Wandel hin zu tiefer, religionslos glücklicher Diesseitigkeit, die eines Jenseits und eines Gottes nicht mehr bedarf. Und auch wenn Bonhoeffer nach wie vor behauptet, er wandle unter einem biblischen Himmel, befindet er sich zusammen mit Nietzsche viel eher unter einem griechischen, vielleicht auch unter einem nördlichen oder tibetischen Himmel denn unter einem jüdisch-christlichen.

Am 21. Juni 1944 gesteht Dietrich Bonhoeffer Eberhard Bethge:

«Ich lese z. Zt. das ganz ausgezeichnete Buch des Altphilologen W. F. Otto (Königsberg) über ‹die Götter Griechenlands›, über diese ‹Glaubenswelt, die dem Reichtum und der Tiefe des Daseins, nicht seinen Sorgen und Sehnsüchten entstiegen ist›, wie es am Schluss heisst. Verstehst du, dass diese Formulierung und die entsprechende Darstellung für mich etwas sehr Reizvolles hat und dass ich – horribile dictu! – an den so dargestellten Göttern weniger Anstoss nehme als an bestimmten Formen des Christentums? Ja, dass ich fast glaube, diese Götter für Christus in Anspruch nehmen zu können? Für meine gegenwärtigen theologischen Überlegungen ist mir dieses Buch sehr wertvoll.»³⁸⁴

---

382 A. a. O., 205.
383 A. a. O., 206.
384 Dietrich Bonhoeffer, Widerstand und Ergebung, DBW 8, 492. Siehe Walter F. Otto, Die Götter Griechenlands, Frankfurt a. M. 1929. Siehe auch Walter F. Otto, Dionysos, Frankfurt a. M. 1933. Ottos Buch über den Gott Dionysos hat Bonhoeffer augenscheinlich nicht gekannt. Es wäre interessant, wie Ottos These von der «*Doppelgesichtigkeit des Dionysos*, eines ‹wahnsinnigen› Gottes, der in seinen Epiphanien Gegenwart und Entrückung, Seligkeit und Wildheit, Leben und Tod in sich vereinigt und zusammenhält und damit die Totalität der menschlichen Lebenswelt zum Ausdruck bringt» (so der Klappen-

Wertvoll ist es Bonhoeffer, weil diese Götter «ein Beispiel nicht etwa für ‹Religion›, sondern im Gegenteil für Diesseitigkeit (einen der Gegenbegriffe zu ‹Religion›)»[385], also für die Gesundheit, die Kraft und das Glück eines intensiven «Lebens auf der Erde»[386] sind.

Mit der Erwähnung der Götter Griechenlands und der Idee, sie «für Christus in Anspruch nehmen zu können», legt Bonhoeffer selbst die Spur zu Nietzsche, ohne dass ihm klar gewesen sein dürfte, wem er sich da annäherte. Aber vielleicht spricht das Unbewusste, das bisher aus den Untiefen von Bonhoeffers Gefängnistheologie und aus Nietzsches Spätphilosophie zu Tage gefördert wurde, ja eine deutlichere Sprache als das Bewusste. Bonhoeffers Abneigung gegen den lebensfernen Gott der Metaphysik, gegen den Gott jenseits der Grenzen des Erkennbaren und gegen das theologische Anknüpfen an der Schwäche der Menschen ist jedenfalls eine theologische Wiedergängerin derselben Abneigung Nietzsches. Und auch Bonhoeffers Aussage, er suche «das ‹Vollkommene› im Menschlichen, Lebendigen, Irdischen, also weder im Apollinischen noch aber auch im Dionysischen und im Faustischen»[387], ist kein Argument gegen seine Lesbarkeit als anonymer Nietzscheaner – zumal deshalb, weil das Dionysische beim späten Nietzsche so dionysisch nicht ist. Denn Dionysos tritt ja eben weniger als unberechenbarer gefühlskrimineller Berserker, also als Gottheit des Wahnsinns, sondern vielmehr als daseins- und schicksalsbejahender, über den Antagonismen stehender und

---

text der 7., um ein Nachwort ergänzten Aufl. v. 2011), auf Bonhoeffer gewirkt hätte. Seiner Selbsteinschätzung nach war er «wohl in jeder Richtung für das mittlere, gemässigte Klima». So Bonhoeffer, Widerstand und Ergebung, DBW 8, 551. Man kann sich in der Tat kaum vorstellen, dass Bonhoeffer sich von einer expressionistisch-dionysischen Theologie der extremen Eruptionen hätte überwältigen lassen.

385 Heinrich Ott, Wirklichkeit und Glaube. Erster Band, 137.
386 Dietrich Bonhoeffer, Widerstand und Ergebung, DBW 8, 500.
387 A. a. O., 551.

sterbender Übermensch in Erscheinung. Er ist ein *verklärter* Dionysos[388], der irgendwie auch ein verklärter Christus ist, in dessen Angesicht Nietzsche sich in einen Über-Nietzsche zu verklären beginnt, was wiederum die Idee, Nietzsche mit Bonhoeffer und Bonhoeffer mit Nietzsche zu überblenden, noch weniger abwegig macht.

Insbesondere aus dem Brief, den Bonhoeffer am 29. Mai 1944 an Eberhard Bethge auf den Weg bringt, scheint ein christlich geläuterter Friedrich Nietzsche zu sprechen. Dort heisst es:

«[N]icht erst an den Grenzen unserer Möglichkeiten, sondern mitten im Leben muss Gott erkannt werden, im Leben und nicht erst im Sterben, in Gesundheit und Kraft und nicht erst im Leiden, im Handeln und nicht erst in der Sünde will Gott erkannt werden. Der Grund dafür liegt in der Offenbarung Gottes in Jesus Christus. Er ist die Mitte des Lebens und ist keineswegs ‹dazu gekommen›, uns ungelöste Fragen zu beantworten. Von der Mitte des Lebens aus fallen gewisse Fragen überhaupt aus und ebenso die Antworten auf solche Fragen [...] In Christus gibt es keine ‹christlichen Probleme›.»[389]

Denn in Christus – so könnte man mit Nietzsche folgern – gibt es kein Christentum, keine Religion und letztlich keinen Gott, der ein anderer wäre als das starke und lebenszugewandte Ja des Zarathustra, des Dionysos und des Nazareners zu allen Dingen und Menschen und zu allen Schickungen des Daseins.

Wenn also der Theologe Dietrich Bonhoeffer das Hohelied der Erde, des Lebens und des Schicksals singen und der Metaphysik und der Transzendenz den Laufpass geben will, dann bleibt ihm eigentlich nichts anderes übrig, als den Philosophen Friedrich Nietzsche zu revitalisieren, in dessen Credo einzustimmen und zu verkünden, was auch Nietzsche hätte

---

388 So Heinrich Detering, Der Antichrist und der Gekreuzigte, 98–107.
389 Dietrich Bonhoeffer, Widerstand und Ergebung, DBW 8, 455f.

verkündigen können: «Jesus ruft nicht zu einer neuen Religion auf, sondern zum Leben.»[390] Für dieses Leben braucht es, wenn man die Texte des späten Bonhoeffer aufmerksam liest, nämlich genau jene Tugenden, die Nietzsche gegen das Christentum in Anschlag zu bringen versuchte: heldenhafte Stärke, vornehme Überlegenheit, stoische Gelassenheit, unverwüstliche Gesundheit und ungehemmte Kraft. Es braucht Nietzsches übermenschliche Tugenden bei Bonhoeffer zumal deshalb, weil es ja eben auch gilt, nicht nur anderen Menschen an aristokratischer Stärke und Kraft überlegen zu sein, sondern bei Gott in dessen Leiden zu stehen. Dass es sich dabei um die Tugenden handelt, welche die Nationalsozialisten – unter Berufung auf Nietzsche – verherrlichten, steht auf einem anderen Blatt. Aber dazu passt, dass der Antichrist Nietzsche jegliches Erbarmen mit den Schwachen verachtete – und so natürlich auch die palliativseelsorgerliche Betreuung eines sterbenden Gottes verachtet hätte. Wer in Nietzsches Sinn jesuanisch lebt, muss von den Hinfälligen und auf der Strecke Gebliebenen weg auf das starke, sich tapfer selbst behauptende Leben blicken. So verwundert es nicht, dass sich auch in Dietrich Bonhoeffers Denken Anklänge an eine Verachtung des «Minderwertigen»[391] finden. Und man muss von Glück reden, dass Bonhoeffer der Versuchung, das starke überchristliche Leben als unbarmherziges Leben zu verstehen, weitestgehend widerstand.

Ein Glück ist es auch, dass Nietzsches Anthropologie der Unbarmherzigkeit just in der Todesstunde Jesu zu einer unerwarteten Anthropologie der Barmherzigkeit und der Güte wird. Angesichts des Gekreuzigten feiert Nietzsche die «Vorstellung […] einer absoluten Überwindung im Scheitern, einer göttlichen Hoheit in der Niedrigkeit, einer in nichts als liebender Allumarmung bestehenden Kriegsführung»[392], also eines

---

390 A. a. O., 537.
391 A. a. O., 510 u. ö.
392 Heinrich Detering, Der Antichrist und der Gekreuzigte, 110.

Göttlichen, das – überraschend paulinisch – in der Schwachheit mächtig ist. Was Dietrich Bonhoeffer ein gutes halbes Jahrhundert später den Menschen für andere nennt, blitzt also schon bei Nietzsche auf, der über den «frohen Botschafter» Jesus und dessen «liebevolle [...] Zucht des Geistes»[393] emphatisch bemerkt: «[E]r bittet, er leidet, er liebt *mit* denen, *in* denen, die ihm Böses thun.»[394] Auch wenn es auf den ersten Blick aus der Luft gegriffen scheint – es ist vorstellbar, dass sich der «Antichrist» in der Todesstunde Jesu und in seiner eigenen Todesstunde für Bonhoeffers heldenhafte Idee einer Kirche für andere, zumindest für eine Kirche der Feindesliebe, vielleicht auch für eine Kirche der Hinwendung der Starken zu den Schwachen hätte erweichen lassen.

Es scheint also geradezu, als sei Friedrich Nietzsche exakt einhundert Jahre nach seiner Geburt gewissermassen ein zweites Mal zur Welt gekommen – als Theologe im Gefängnis von Tegel. Friedrich Nietzsche ist keineswegs nur als schweigender Antipode, sondern vielmehr als Alter Ego in Dietrich Bonhoeffers Gefängnistheologie präsent. Um sein eigenes theologisches Denken in einem intensiven irdischen Leben fern der Nähe Gottes zu erden, muss Bonhoeffer unwillkürlich auf den dunklen Denker zurückgreifen, der seine Theologie an den Abgrund des Christlichen, womöglich sogar in Teufels Küche, jedenfalls auf die schiefe Bahn führt. Wie Goethes Faust und Goethes Zauberlehrling wird Dietrich Bonhoeffer die theologischen Geister, die er am letzten Apriltag des Jahres 1944 ruft, nicht mehr los. Es sind die Geister einer Theologie ohne Gott. Weil Bonhoeffer aber bei aller Religions-, Gottes- und Theismuskritik auch den Glauben an den allmächtigen Gott und seine gütige Vorsehung nicht los wird, changiert Bonhoeffers Theologie zwischen Gottlosigkeit und Gott, zwischen Nietzsche und Christus, zwischen den Göttern Griechenlands und dem Gott Israels.

---

393 Friedrich Nietzsche, Der Antichrist, KSA 6, 208.
394 A. a. O., 207.

Das gilt es zu sehen, wenn man sich angesichts der Spättheologie Dietrich Bonhoeffers nichts vormachen will. Wenn man es aber sieht, dann hat man letztlich nur drei Möglichkeiten der theologischen Vergegenwärtigung Dietrich Bonhoeffers.

Man kann erstens die Augen vor Dietrich Bonhoeffers theologischer Selbstwidersprüchlichkeit und vor der grossen unchristlichen Versuchung seines letzten Lebensjahres verschliessen. Dann lassen sich die in «Widerstand und Ergebung» geäusserten Gedanken harmonisieren und rezitieren, als seien sie von einer überzeugenden, zutiefst biblisch-christlichen und zugleich höchst modernen theologischen Konsistenz und Kohärenz – oder als wohne ihnen zumindest eine geniale Dialektik inne. Man kann zweitens Dietrich Bonhoeffer gegen sich selbst kehren, Bonhoeffer mit Bonhoeffer kritisieren und ihn über sich hinaus- oder vielmehr zu sich zurückführen. Je nach Geschmack endet man dann bei einem konsequent säkularen und letztlich gottlosen oder aber bei einem gottergeben vorsehungsgewissen Bonhoeffer und sieht entweder beim einen oder beim anderen das grössere gegenwarts- und zukunftserschliessende theologische Potenzial. Oder aber man kann drittens Dietrich Bonhoeffers Denken aufgrund von dessen Selbstwidersprüchlichkeit als halbgar, verfehlt und überschätzt auf sich beruhen lassen und sich anderen, weniger unfertigen, risikoloseren und besser abgesicherten theologischen Denkwegen zuwenden.

Ich will erzählen, wie ich selbst den Knoten von Bonhoeffers widersprüchlicher Spättheologie zu lösen gedenke und wie ich mir wünschen würde, dass Dietrich Bonhoeffer diesen Knoten selbst gelöst und wie er mit dieser Lösung zugleich die Theologie seines letzten Lebensjahres erlöst hätte. So wird sichtbar werden, auf welchem der von Bonhoeffer eingeschlagenen Denkwege ich ihm gerne folgen würde und wie – wenn es nach mir ginge – die Theologie der Zukunft Bonhoeffer mit Bonhoeffer gegen Bonhoeffer und über Bonhoeffer hinaus denken sollte.

Ich werde mir also erneut die Freiheit der Imagination nehmen, mich ein letztes Mal in Dietrich Bonhoeffers Zelle und in seine Innenwelt hineinversetzen, meine Phantasie spielen lassen und die Geschichte von Bonhoeffers bösem Erwachen aus seinem Alptraum und damit auch die Geschichte seiner Theologie zu Ende erzählen. Und mit dieser Erzählung werde ich auf meine Weise die Frage beantworten, wer Dietrich Bonhoeffer heute für uns sein könnte.

11
Über-Nietzsche
Eine Erlösung

> Oh komm zurück, mein unbekannter Gott!
> mein *Schmerz*! mein letztes Glück![395]
>
> *Friedrich Nietzsche*

Er sitzt dort, wo er jeden der Briefe geschrieben hat, die in den vergangenen Monaten seine Zelle verlassen haben. Er weiss, dass nicht nur das Gebet, das er jetzt spricht, sondern auch Tinte gegen den Teufel hilft. Er weiss, dass er eine Rüstung braucht. Er weiss, dass er stark bleiben muss. Gerade jetzt. Nach dem Scheitern. Nach seinem Scheitern.

Und so legt er einen neuen, leeren Bogen Briefpapier vor sich hin, streicht ihn glatt und beginnt an seinen Freund, den wichtigsten und einzigen, den er in diesen Tagen und Monaten hat, zu schreiben. «Denk dir», fängt er an. Aber nach diesen ersten beiden Worten hält er inne. Er zerknüllt den Briefbogen und weiss, dass er seinem Freund nichts erzählen wird. Er wird ihm nicht verraten, wer ihn heimgesucht und wen er für Christus gehalten hat. Er wird ihm nichts von Friedrich Nietzsche erzählen. Aus Scham. Und aus Stolz. Er wird für sich behalten, was ihn angefallen hat. Er wird mit sich allein ausmachen, was am Ende nur für ihn allein bestimmt ist.

Dietrich Bonhoeffer schliesst die Augen und versucht durchzuatmen, nachzudenken und Ordnung zu schaffen in

---

395 Friedrich Nietzsche, Dionysos-Dithyramben, KSA 6, 401.

seinem dröhnenden Kopf. Ärgerlicherweise ist er mit Nietzsches Werk nicht vertraut genug, um in der Erinnerung eine Spur darin zu entdecken, die zu seinem Traum führen könnte. Natürlich wäre es möglich, seine Eltern oder Eberhard zu bitten, ihm ein paar Bände Nietzsche ins Gefängnis kommen zu lassen. Aber er verwirft den Gedanken sofort, weil er merkt, dass sein Stolz das nicht zulässt. Alles, nur nicht Nietzsche. Er will nicht, dass seine Liebsten die Sorge erfasst, er sei am Ende zum Feind übergelaufen. Er will nicht, dass sie die Befürchtung beschleicht, die Haft könne seinen Geist vielleicht doch zerrüttet und ihn gebrochen haben. Es würde sich wie eine Kapitulation anfühlen, wenn Nietzsche nicht nur für ihn allein sichtbar und spürbar in den nächtlichen Tiefen seiner Seele sein Unwesen treiben würde, sondern als reale geschriebene Gegenwart, also schwarz auf weiss und damit unübersehbar zu ihm in seine Zelle käme. Womöglich würde er Nietzsche dann erst recht nicht mehr los und bliebe von ihm bis ans Ende verfolgt. Nein, nur das nicht. Alles, nur das nicht. Dietrich Bonhoeffer beschliesst einmal mehr, nicht den geringsten Anschein zu erwecken, er habe die theologische und die moralische Fassung verloren und zersetzenden Kräften das Feld überlassen.

Und doch kehrt sein dunkler Gast Nacht für Nacht zurück und steigert Dietrich Bonhoeffers Ruhelosigkeit von Tag zu Tag mehr. Dass einmal Nietzsche und dann wieder Christus und dann Nietzsche und dann wieder Christus ihn heimsuchen, beide also einander die Klinke zur Tür seiner Seele in die Hand geben, macht alles nur noch schlimmer und verwirrender.

Dietrich Bonhoeffer fragt sich, ob er vielleicht versucht wird. Aber von wem? Von Satan, dem διαβολος, dem grossen Durcheinanderwerfer alles sicher Gefassten und Gefügten? Von Gott? Doch warum und wozu? Vorsorglich spricht er, wenn er in diesen Tagen und Nächten das Vaterunser betet, die letzte Bitte des Herrengebets besonders aufmerksam und eindringlich: «Und führe uns nicht in Versuchung. Sondern erlöse uns von dem Bösen.» Er fragt sich, ob dieses Böse vielleicht nicht nur von aussen, sondern auch von innen, also aus ihm selbst kommen könnte. Und so geht er in sich und prüft sich. Könnte es denkbar sein, dass er etwas Böses gedacht oder getan hat? Aber was? Er ist sich keiner Schuld bewusst – weder im Blick auf das Vorhaben der Tötung des Tyrannen noch sonst. Alles, was er gedacht, getan und geschrieben hat, ist im besten Wissen und Gewissen, in vollkommener geistiger und geistlicher Redlichkeit geschehen. Und er glaubt sogar, dass er, falls die nächtliche Heimsuchung keine Versuchung, sondern eine Prüfung sein sollte, diese Prüfung bestehen würde, ja längst bestanden hat. Er, der Gefangene Berlins, der die Haft der Flucht und der Ausflucht vorgezogen hatte und mitten im Herzen Deutschlands und nicht etwa in irgendeiner sicheren Ferne dem altbösen Feind seiner Zeit die Stirn bot.

Und doch beginnt Dietrich Bonhoeffer etwas zu dämmern – eines Nachts, als er einmal mehr die Anfechtung kommen fühlt und sein Geist und sein Herz das trotzige und verzagte Ding werden, das man nicht ergründen kann. Ihm beginnt zu dämmern, dass er es sich zu einfach gemacht haben und dass seine intellektuelle Redlichkeit, seine intellektuelle Eitelkeit, seine intellektuelle Hybris, vielleicht aber auch seine kritische Lage, genauer gesagt die Aussichtslosigkeit seiner Situation, ihn dazu verführt haben könnten, es mit Gott aufnehmen zu wollen und Gottes Herr zu werden – wenn auch in der aufrichtigsten Überzeugung, Christus damit besser verstanden zu haben und ernsthafter zu dienen als alle anderen vor ihm.

Aber war am Ende vielleicht genau dies die theologische Hybris, die ihn in Versuchung geführt hatte und die nun zu seiner Achillesferse wurde, in die der Feind sein Schwert hieb? Und hatte der nächtliche Christus alias Friedrich Nietzsche ihm womöglich genau dies zu verstehen gegeben: dass die Grösse dieser theologischen Tat zu gross für ihn, Dietrich Bonhoeffer, war und dass er nicht Christus, sondern einem anderen folgte, wenn er davon sprach, dass Gott uns zu wissen gibt, dass wir mit dem Leben ohne Gott fertig werden müssen und dass Gott in der Welt machtlos ist? Steckte der Teufel, also der Antichrist, womöglich im Detail? Und bestand dieses teuflische Detail am

Ende darin, dass für ihn aus dem Konjunktiv des *etsi deus non daretur* stillschweigend längst ein Indikativ, also aus dem hypothetischen Modus ein realer Modus des Nicht-Daseins Gottes geworden war? War es das, was Nietzsche ihm zu verstehen gab, als er schallend über das Kreuzeszeichen lachte, das Dietrich Bonhoeffer ihm auf die Stirn machte? Liess er ihn höhnisch wissen, dass er, Friedrich Nietzsche, ihn, Dietrich Bonhoeffer, hinters Licht und in Versuchung geführt hatte – und zwar in die Versuchung der Überzeugung, man könne der Macht Gottes abschwören und sich ihm zugleich gläubig in die Arme werfen, also ohne Gott und zugleich mit Gott leben? War es das, was ihm Alpträume machte: dass er Christus verworren zu dienen glaubte, aber vom Antichristen sacht geführt wurde, als er meinte, es sei angesichts der Gegenwart seiner Zeit an der Zeit, bestimmte theologische Wege und mit diesen Wegen auch die vertraute Nähe Gottes zu verlassen – die Nähe Gottes, in der er sich immer so wunderbar unverwundbar gefühlt hatte? War es das, was ihn quälte: dass es eben nicht möglich war, Gott den theologischen Laufpass zu geben und zugleich an ihm festzuhalten, als hätte man nicht kurz zuvor im Brustton der Überzeugung behauptet, es gebe keinen Weg zurück zu Gott? War es das, was er ahnte: dass eine nichttrinitarische und nichttheistische Theologie des schwachen und ohnmächtigen Gottes, wenn man sie mit einer Anthropologie und Ekklesiologie des Menschen für andere paarte, am Ende zum Ende der Theologie und zum Ende des christlichen Glaubens führen musste, weil es ja eben dazu führte, selbst an die Stelle des allmächtigen Gottes treten zu müssen, den es nicht gab, den es aber unter dem leeren Himmel brauchte, damit ein Starker dem Rad in die Speichen fiel und das Leid der Welt nicht ins Unermessliche wuchs?

Und liess sich die nächtliche Heimsuchung durch Nietzsche vielleicht auch so deuten, dass er, Dietrich Bonhoeffer, im Begriff war, sich dem Dämon des starken Lebens – und sei es des starken Lebens für andere – in die Arme zu werfen, wenn er so weit ging zu denken und zu dichten, dass Christen bei Gott in seinen Leiden stehen müssten? War ihm der Verkündiger des

Todes Gottes erschienen, weil er, Dietrich Bonhoeffer, selbst zu einem Verkündiger des Todes Gottes geworden war, ohne dies im Wachzustand seines Denkens und Glaubens wahrhaben zu wollen und wahrhaben zu können? Rüttelte der Prophet des Übermenschen deshalb so heftig an ihm, weil er, Dietrich Bonhoeffer, zum Propheten eines übermenschlichen Überchristentums zu werden drohte, das aus jedem Christen einen Überchristen, ja am Ende sogar einen Überchristus machte? Und gellte ihm das höhnische Lachen des Antichristen wie ein perverser *cantus firmus* darum so in den Ohren, weil er allen Ernstes geglaubt hatte, Christus habe ihm die Notwendigkeit eines Lebens ohne Gott offenbart, aber in Wahrheit dem Antichristen auf den Leim gegangen, ja selbst eine Art Antichrist geworden war?

Dietrich Bonhoeffer erschrickt. Und er wird auf einmal an seinen jüngsten Gedanken irre. Er weiss, dass er zu stolz ist, seine Verwirrung zu gestehen. Aber er beschliesst, in seinem nächsten Brief an Eberhard Bethge sein Erschrecken über seine Sätze und über seinen Entwurf für eine Arbeit zumindest anzudeuten. Er beschliesst, ihm zu schreiben, dass alles so unbedacht und unbesprochen ist, dass es oft zu klotzig herauskommt und dass man es daher nicht drucken kann – jetzt ja sowieso nicht und vielleicht auch später nicht.[396]

Weil Gottes Wort ihm bisher noch gegen jedes Erschrecken und Entsetzen geholfen hat, nimmt Dietrich Bonhoeffer das Losungsbüchlein zur Hand, schlägt seine Bibel auf und liest 2. Korinther 1,20 die neutestamentliche Losung für den 21. August 1944: «Auf alle Gottesverheissungen ist in ihm das Ja. Darum sprechen wir auch durch ihn das Amen, Gott zum Lobe.» Und er liest auch noch 4. Mose 11,23, den alttestamentlichen Losungstext. Dort steht: «Der Herr aber sprach zu Mose: ‹Ist denn die Hand des Herrn zu kurz? Aber du sollst jetzt sehen, ob sich mein Wort an dir erfüllt oder nicht.›»

---

396 Dietrich Bonhoeffer, Widerstand und Ergebung, DBW 8, 576.

Dietrich Bonhoeffer erschrickt ein drittes Mal. Wie hat er nur glauben können, Christus habe keine anderen Hände als die Hände der Menschen? Wie hat er nur glauben können, es sei christlich, Christus beizustehen, sich mit ihm zu identifizieren, ja überzuidentifizieren und Christi Leiden mitzuleiden? Wie hat er nur so gering von Christus und so gross von sich selbst und von der Menschheit denken können? Er schämt sich. Und wieder gellt Nietzsches krähendes Lachen in seinen Ohren.

Aber in dieses Lachen, in Dietrich Bonhoeffers Erschrecken und in seine Scham mischt sich auf einmal leise etwas anderes: der vertraute *cantus firmus* seines Lebens und Denkens. Der *cantus firmus*, der ihm allmählich die Fassung wiedergibt. Und er merkt, ohne zu wissen, wie ihm geschieht, dass es ihn in diesem Augenblick geradezu zu einem Bekenntnis drängt, mit dem er den Sätzen, die er am 16. Juli geschrieben hat, den Laufpass gibt, sich im besten Sinne des Wortes «religio» neu an die Vorsehung Gottes zurückbindet und in die Arme Gottes wirft: «Gewiss ist», so schreibt er, «dass wir immer in der Nähe und unter der Gegenwart Gottes leben dürfen und dass dieses Leben für uns ein ganz neues Leben ist; [...] dass keine irdische Macht uns anrühren kann ohne Gottes Willen, und dass Gefahr und Not uns nur näher zu Gott treibt.»[397]

Dieses Bekenntnis lindert sein Erschrecken ein wenig. Zumindest gibt es ihm die Kraft, die bitter nötig ist, um die nächste, noch steinigere Wegstrecke zu überstehen.

Als im Kellergefängnis der Berliner Prinz-Albrecht-Strasse die Nächte dunkler werden als in Tegel, drängt es Dietrich Bonhoeffer, der sich in diesen Tagen mehr denn je an uralte biblische Gewissheiten und urvertraute Gesangbuchlieder klammert, zu einem Weihnachtsgruss an seine Familie – nichtsahnend, dass die Zeilen, die er zu schreiben im Begriff ist, zu seinen berühmtesten werden sollten.

---

397 A. a. O., 573.

Weil er in diesem Augenblick nicht anders kann und weil ihm Persönlicheres das Herz zerreissen würde, kleidet er das, was er den Seinen, aber eigentlich auch sich selbst sagen will, einmal mehr in die Form eines Gedichts. Mit diesem Gedicht schreibt er mit aller ihm zur Verfügung stehenden Gewissheit seines Glaubens an Gott gegen ein Leben und Denken *etsi Deus non daretur* an. Was auch immer er zuvor geschrieben hat, wird jetzt, wo es selbst untertags Nacht und immer mehr Nacht wird, Makulatur.

An einer Stelle seines Gedichts erlaubt sich Dietrich Bonhoeffer ein für ihn ungewohntes und ganz und gar ungewöhnliches Seufzen. Nur er selbst weiss, dass sich in diesem Seufzen vor allem die Erleichterung Bahn bricht, der Dämonen der letzten Monate Herr geworden zu sein. «Ach Herr», seufzt er, ehe er wieder Stärke zeigt, sein Leben aus Gottes Hand nimmt, sich und die Seinen in Gottes Hand befiehlt und bekräftigt:

«Von guten Mächten wunderbar geborgen
erwarten wir getrost, was kommen mag.
Gott ist bei uns am Abend und am Morgen,
und ganz gewiss an jedem neuen Tag.»[398]

Als er das letzte Wort seines Gedichts geschrieben hat, legt er den Füllfederhalter aus der Hand und starrt gegen das Grau der Wand, vor der allmählich die Konturen von Nietzsches Gesichts auftauchen. Die Schemen beginnen ihren Schrecken zu verlieren. Aber noch immer steht Nietzsche im Raum, als warte er auf etwas.

Und Dietrich Bonhoeffer fragt sich, ob das alles war. War das, was ihm allmählich dämmerte, wirklich alles, was es mit seinem Traum auf sich hatte? Hatte der Traum ihn nur angefallen, damit er sich ein Herz fasste und die Tinte seines neuen, gottesgewissen Gedichts gegen den teuflischen Dämon schleu-

---

398 A. a. O., 608.

derte, der an ihm rüttelte? Bestand das Einzige, das von ihm verlangt war, wirklich darin, dem Satan zu widerstehen, dem antichristlichen Unsinn abzuschwören, sich in die Arme des stärkenden, tröstenden, im Regiment sitzenden Gottes zu werfen und Friedrich Nietzsche seinem vernichtenden Schicksal zu überlassen? Hatte Christus ihm den Versucher nur gesandt, damit er wieder Gott und dessen guten Mächten und nicht den Dämonen einer gottlosen Theologie die Ehre gab? War Dietrich Bonhoeffers Mission dadurch erfüllt? War damit vollbracht, was zu vollbringen war? War das alles, was es mit der nächtlichen Doppelgesichtigkeit Friedrich Nietzsches und Jesu Christi auf sich hatte? Genügte es, Busse zu tun und demütig einzugestehen, dass er sich geirrt und dass er den Antichristen für Christus gehalten hatte? Oder war da noch etwas anderes?

Hatte Nietzsche ihn vielleicht doch nicht nur als Feind Gottes, als Feind der Theologie und als Feind Dietrich Bonhoeffers, sondern am Ende doch als Freund heimgesucht? Konnte es sein, dass ihn sein allererster Eindruck mitnichten getrogen hatte? War er womöglich doch nicht Nietzsche, sondern Christus – oder vielmehr beiden zugleich begegnet?

Dietrich Bonhoeffer nimmt die Brille ab und legt das Gesicht in die Hände. Er tut, was er am besten kann. Er denkt nach. Er fragt sich, was er bei seiner Traumdeutung übersehen haben könnte. Er weiss nicht, was ihn zur Idee treibt, es könne in seinem Traum noch eine ganz andere heimliche Botschaft des unheimlichen Besuchers verborgen sein. Aber er spinnt seinen Gedanken weiter.

Vielleicht wollte Friedrich Nietzsche sich Dietrich Bonhoeffer nicht nur als Versucher nähern, sondern ihm wirklich etwas oder besser gesagt jemanden schenken. Jemanden, der seiner Theologie neues Leben und neue Kraft einhauchte. Und vielleicht wollte Nietzsche, so undenkbar das schien, ja sogar selbst gewissermassen heimgeholt werden in die Theologie und in den christlichen Glauben – und zwar von einem, der noch genügend Freiheit, Stärke und gärendes Chaos in sich hatte, um einen wie ihn, Friedrich Nietzsche, von Neuem gebären und erlösen zu können! Wenn das aber wirklich der Fall war, dann hatte die nächtliche Heimsuchung ja vielleicht den Sinn, Dietrich Bonhoeffers eigenes Denken und das Denken Friedrich Nietzsches tiefer in die Welt und gleichzeitig tiefer in Gott hinein zu denken.

Wenn Nietzsches Geschenk für Dietrich Bonhoeffer die Erkenntnis der Treue zur Erde war, aber Nietzsche seinerseits von Dietrich Bonhoeffer gesegnet und beschenkt werden wollte, dann konnte dieses Geschenk doch eigentlich nur Gott, und zwar der Gott des Himmels sein. Denn wer, wenn nicht der Gott des Himmels, konnte dem Philosophen der Erde zu seinem vollkommenen Glück fehlen? Und wen, wenn nicht den Menschen der Erde, konnte der Philosoph dem Theologen schenken? Zweifellos musste Dietrich Bonhoeffer aber den Gott des Himmels erst für sich zurückgewinnen, also sich selbst schenken, ehe er ihn Friedrich Nietzsche schenken und ihm seinen Segen geben konnte. Wenn aber Nietzsche zu ihm gekommen war, um ihm den Menschen der Erde zu schenken, und wenn er Friedrich Nietzsche den Gott des Himmels zu schenken hatte, bedeutete das dann nicht, dass man auf Erden unter dem Himmel weder zum Übermenschen noch zum Überchristen noch zum Über-Christus, sondern zu einer Art Über-Nietzsche werden musste? Und vielleicht konnte man das nur, wenn man glauben lernte, wenn man also wirklich an Gott glaubte und so lebte, wie Nietzsche es – jedenfalls solange er noch wachen Geistes war – nicht konnte.

Dietrich Bonhoeffer reibt sich die Augen, als könne er dadurch Gott und die Welt klarer sehen. Wenn man Nietzsche und zugleich dem Alten und Neuen Testament treu bleiben wollte, dann hiess das ja vielleicht doch, dass man Gott nicht etwa verabschieden und für beinahe tot erklären, sondern ihn als starken Gott wiederentdecken musste und genau und nur so seinen Frieden mit den Schwächen, Stärken, Selbstüberschätzungen, Anmassungen und Bedürftigkeiten der realen, zutiefst irdischen und zutiefst unvollkommenen Menschen machen konnte. Und vielleicht konnte man das eben nur, wenn man in der Nähe Gottes aus der Nähe Gottes lebte,[399] das Leben mit seinen Höhen und Tiefen aus Gottes Händen empfing, die Welt in ohnmächtiger Stärke bejahte und hinnahm, aber auch aus Ergebung Widerstand leistete gegen die Dämonen des Daseins und Gott vom Himmel herabrüttelte und ihn herbeiklagte, wenn es denn sein musste. Am Ende war der wahre Christ ja der Christus, der im Garten Getsemani betend der Versuchung widerstand, nicht mehr mit Gottes Gegenwart und mit Gottes Macht zu rechnen, sondern nur noch auf seine eigene Macht zu vertrauen.

Hatte Dietrich Bonhoeffer nicht bei Paulus gelesen, dass «in ihm», also in Christus, das Ja war? Wenn aber «in ihm» das Ja war, dann konnte man doch eigentlich nur, wenn man sich «in ihm» geborgen glaubte, das grosse, ja grösstmögliche Ja zu allen Dingen sprechen. Wenn «in ihm» die Welträtsel gelöst waren, dann konnte man doch nur, wenn man mit dem Vertrauen Jesu auf den Vater gleichgestaltet war, wirklich frei werden für die Diesseitigkeit der Welt und sie zur Gänze auskosten, ohne verzweifelt alles haben, alles sein, alles erleben und alles gut machen zu müssen. Wenn «in ihm» die Erfüllung war, dann konnte man die Welt mit allen Sinnen in sich aufsaugen und die Fülle des Daseins geniessen, ohne das Vorletzte mit dem Letzten zu verwechseln und sich vom Vorletzten alles versprechen zu müssen. Wenn «in ihm» die Differenzen des Daseins aufgehoben und versöhnt waren, dann konnte man womöglich auch barmherzig und gnädig mit dem Menschlich-Allzumenschlichen, mit dem moralischen Versagen, mit religiösen und spirituellen Weltfluchten aller Art, vielleicht sogar mit intellektueller Unredlichkeit, ja selbst mit der Dummheit, der Hinterhältigkeit, der unvernünftigen Lebensgier und der Oberflächlichkeit, Niedrigkeit und Primitivität der Menschen sein. Wenn «in ihm» die Schwelle und die Tür zur Transzendenz Gottes war, dann konnte man die Transzendenz des Seins für den anderen

---

399 Vgl. Bruno Latour, Jubilieren. Über religiöse Rede, Berlin 2011.

Menschen das sein lassen, was sie war, nämlich eine Begegnung im Raum des Vorletzten unter dem Himmel des gnädigen Gottes. Wenn «in ihm» der Schlüssel zum Glück im Unglück und zum Heil im Unheil war, dann war es natürlich unsinnig zu denken, man müsste leben *etsi deus non daretur* und zugleich selbst zu einer Art Gott oder zumindest zu einer Art Christus werden. Vielmehr war das Gegenteil wahr. Nicht als Christus, sondern nur in Christus – «in ihm»! – konnte einem mitten in der Welt die Welt nichts mehr anhaben, weil man im Herzen des Diesseits, also im Leib Christi, jenseitig und zugleich mitten in der Welt war. Und wenn es einen herumwirbelte in dieser diesseitigen Welt unter diesem Herz Jesu, dann doch wohl deshalb, weil dieser Jesus ein lebendiges, höchst vitales, geradezu dionysisches Wesen war, dessen Herz schlug und zuweilen unruhig wurde angesichts seiner Aufgewühltheit über die aufgewühlte Welt.

So war es vielleicht, denkt Dietrich Bonhoeffer. Und weil es so war und weil man immer in der Nähe und in der Gegenwart dieses mitten im Diesseits jenseitigen, vor Leben pulsierenden Gottes lebte, konnte einem nichts geschehen. Und es war eine Befreiung, dass man seine Sache ganz aus den eigenen Händen geben und in die Hände Gottes legen durfte, der vielleicht doch eines jüngsten Tages, wenn man nur glaubend, klagend und hoffend genug auf Gottes Zeit wartete, alles gut machte. Wenn man aber so lebte, war man dann nicht zum wirklichen Christen, zum wirklichen Ja- und Amen-Sager, zum wirklichen Liebhaber des Lebens und gerade so zum Über-Nietzsche geworden?

War es also das, was Nietzsche ihm schenkte, was Dietrich Bonhoeffer im Geist Gottes vervollkommnen, über sich hinausführen und Nietzsche zurück schenken musste, um Nietzsche von sich selbst zu erlösen? Und war es die Philosophie des Über-Nietzsche, die Dietrich Bonhoeffer Friedrich Nietzsche zu schenken hatte? War es der Über-Nietzsche, auf den Nietzsche, der als gespenstischer Schemen noch immer in Bonhoeffers Zelle hing, wartete?

Dietrich Bonhoeffer lächelt. Es brauchte Friedrich Nietzsche, den also vielleicht doch der Himmel geschickt hatte, um ihn, Dietrich Bonhoeffer, in die Arme der Welt und aus den Armen der Welt wieder zurück in die Arme Gottes zu treiben und nicht zum Überchristen, sondern zum Über-Nietzsche zu machen. Und es brauchte ihn, Dietrich Bonhoeffer, um Friedrich Nietzsche seinerseits zum Über-Nietzsche werden zu lassen und in die Arme Gottes zu treiben.

Dietrich Bonhoeffer verliert auf einmal auch die letzte Angst vor seinem nächtlichen Besucher und findet zum verlorenen und doch so vertrauten Gefühl alter Stärke, alter Selbstsicherheit und alter, in Gott gegründeter theologischer Angriffslust zurück. Er lächelt. Er weiss jetzt, dass er den Kampf mit dem nächtlichen Angreifer nicht verloren hat und dass er nicht verloren ist. Im Gegenteil. Er weiss, dass der Angreifer ihn heimgesucht hat, weil er von ihm, Dietrich Bonhoeffer, geliebt und erlöst werden wollte. Er weiss, dass das die Wahrheit ist. Aber er weiss auch, dass Friedrich Nietzsche, der Wahrheitssüchtige, der dazu verurteilt war, alles offenzulegen, allen Dingen auf den Grund zu gehen und vielleicht genau deshalb am Ende verrückt zu werden, das nie hätte zugeben können. Er konnte nur als Angreifer in Erscheinung treten. Als freundlich Grüssender und unverhohlen Liebender hätte er nie die Nähe einer Menschenseele gesucht.[400]

Dietrich Bonhoeffer lächelt. Er wird etwas für Nietzsche tun. Wer, wenn nicht er? Denn wenn Nietzsche wirklich zu ihm gekommen war, um ihm das diesseitige Leben in der Nähe Gottes zu schenken, dann war es höchste Zeit, auch ihm, Friedrich Nietzsche, dieses Leben oder vielmehr seinen Frieden zu schenken. Denn war nicht auch er, Nietzsche, einer jener anderen, für die er, Dietrich Bonhoeffer, als Christ da zu sein und an deren Leiden er teilzunehmen hatte?

---

400 Siehe dazu Irvin D. Yalom, When Nietzsche Wept. A Novel of Obsession, New York 1992.

Dietrich Bonhoeffer fühlt Gelassenheit, Heiterkeit, Kraft und ein tiefes Mitleid in sich aufsteigen. Irgendwie stellt er sich Nietzsche als noch immer ruhelos zwischen Leben und Tod, zwischen Wachheit und Traum, zwischen Tag und Nacht umherirrenden Wanderer zwischen den Welten vor. Er stellt ihn sich vor als jemanden, der sich nach Frieden und Erlösung sehnte und ihm genau deshalb nächtens erschienen war und an ihm rüttelte – und zwar inkognito und vermummt. Nur vermummt konnte er Einlass in Dietrich Bonhoeffers Unterbewusstsein und schliesslich auch in sein Bewusstsein erhalten. Hätte er sich vom ersten Augenblick an zu erkennen gegeben, wäre er gewiss von ihm abgewiesen worden. Eigentlich musste Dietrich Bonhoeffer nicht nur Nietzsche, sondern auch Gott dafür danken, dass es Friedrich Nietzsche gelungen war, sich Zutritt zu Dietrich Bonhoeffers Bewusstsein, zur Theologie und vielleicht sogar zu Gott zu verschaffen.

Aber konnte das wirklich sein? War es wirklich vorstellbar, dass der altböse Feind Gottes, der sich lebenslang als Antichrist begriffen hatte und das Christentum verachtete, sich danach sehnte, dass es ihn gab, diesen Gott, dessen Tod er annoncierte und akklamierte? War es wirklich vorstellbar, dass er, der Mann des 19. Jahrhunderts, der genau an der Schwelle zum 20. Jahrhundert das Zeitliche gesegnet hatte, genau einhundert Jahre nach seiner Geburt von ihm, Dietrich Bonhoeffer, gesegnet und erlöst werden wollte? War dieser Gedanke nicht vielmehr zu schön, zu fromm, zu hochtrabend und zu wirklichkeitsfern, um wahr zu sein?

Oder war es im Gegenteil der einzig konsequente Gedanke für einen wie ihn, Dietrich Bonhoeffer? Wenn er ehrlich zu sich selbst war, hatte es ihm doch eigentlich noch nie an Selbst- und Sendungsbewusstsein gefehlt. Und von wem, wenn nicht von ihm, dem stolzen Aristokraten und vielleicht sogar Erwählten, hätte sich einer wie Friedrich Nietzsche segnen und erlösen lassen – und sei es unter höhnischem Lachen? In welchem Christen, wenn nicht in ihm, Dietrich Bonhoeffer, hätte Friedrich Nietzsche den wirklich ebenbürtigen Gegner seines Denkens und zugleich den wahren Verbündeten gegen das Niedrige erkannt? Wen, wenn nicht ihn, Dietrich Bonhoeffer, hätte er, Friedrich Nietzsche, für stark genug gehalten, seinem Dionysos-Christus ein noch dionysischeres und noch jesuanischeres Leben entgegenzuhalten – ein Leben, das sich selbst in dunkelster Stunde in die eigenen Hände und in die Hände Gottes legt und sich zuruft: «Bleib stark, mein tapfres Herz! Frag nicht: warum?»[401] Von wem, wenn nicht von ihm, Dietrich Bonhoeffer, hätte sich Friedrich Nietzsche eines Besseren und eines besseren Gottes belehren und in den christlichen Glauben heimholen lassen?

Und wer, wenn nicht er, Dietrich Bonhoeffer, der der Menschheit nicht durch Verachtung[402], sondern durch souveräne Menschlichkeit[403] geistig, geistlich und seelisch überlegen war, hätte das Format, die Souveränität und die Tollkühnheit gehabt, es mit dem verfluchten Verflucher des Christentums aufzunehmen? Wer, wenn nicht er, Dietrich Bonhoeffer, hätte dazu bestimmt sein können, den Richter und Vernichter der christlichen Kirche[404] zu erlösen, in die Nähe Gottes heimzuholen und ihm Gottes Frieden zu schenken? Und wer, wenn nicht Friedrich Nietzsche, könnte umgekehrt auf die Idee gekommen sein, ihn, Dietrich Bonhoeffer, mit sich zu infizieren, zu identifizieren, es mit ihm aufzunehmen und von ihm gesegnet und vor einem endlosen Sturz in den Abgrund des unendlichen, sonnen- und gottesfernen Nichts bewahrt werden zu wollen?

So war es, denkt Dietrich Bonhoeffer. Das war die Wahrheit.

Und in der Gewissheit dieser Wahrheit hebt er seine Hand und zeichnet in die Leere seiner Zelle zwischen sich und der grauen Wand vor sich ein Kreuz, als wolle er Nietzsches dunk-

---

401 Friedrich Nietzsche, Dionysos-Dithyramben, KSA 6, 395.
402 Friedrich Nietzsche, Der Antichrist, KSA 6, 168.
403 Dietrich Bonhoeffer, Widerstand und Ergebung, DBW 8, 32 und 434.
404 Friedrich Nietzsche, Der Antichrist, KSA 6, 252.

len Schatten verscheuchen und zugleich seinen Frieden mit seinem dunklen Besucher machen. Dietrich Bonhoeffer segnet Friedrich Nietzsche. Wie schon in seinem Traum, so segnet er ihn auch jetzt. Er segnet ihn, das verhangene Traumbild verschwebt, und kein höhnisches Lachen gellt durch die Stille, die sich auf einmal um Dietrich Bonhoeffer breitet.

Dann sitzt er und weiss, dass vollbracht ist, was zu vollbringen war. Er sitzt da und erwartet getrost und mit einem leisen Zittern, was auch immer nun kommen mochte.

12
Etsi Deus daretur
Epilog

> Die Welt ist verklärt, denn Gott ist auf der Erde.
> Sehen Sie nicht, wie alle Himmel sich freuen?[405]
>
> *Friedrich Nietzsche*

Wäre es denkbar, dass Dietrich Bonhoeffer sein eigenes Denken so zu Ende gedacht hätte? Wäre es denkbar, dass Friedrich Nietzsche sein Denken so revidiert und sich von einem Christen, noch dazu von einem Theologen hätte segnen lassen? Wäre es denkbar, dass Nietzsche in die Nähe eines Gottes geholt werden wollte, der sein grosses Ja zu allen Dingen spricht und die Menschen, die an ihn glauben, aus der Mitte des Diesseits in ein seliges Jenseits verrückt? – Wir wissen es nicht.

Und so muss es dabei bleiben, dass das, was nicht gewusst werden kann, aber gleichwohl gewünscht und erhofft wird, zumindest imaginiert und erzählt werden kann.

Vielleicht führt aber ja doch eine Spur aus der erzählten Geschichte hinaus in Dietrich Bonhoeffers und Friedrich Nietzsches wirkliches Leben und Denken hinein.

Was Dietrich Bonhoeffer anbelangt, so funkeln in seinen letzten Briefen gottergebene Glaubens- und Gedankensplitter. Beglänzt von ihrem Licht erscheint die theologische Entschlos-

---

405 Friedrich Nietzsche am 3. Januar 1889 an Meta von Salis, Sämtliche Briefe, KSB 8, 507 und 522.

senheit zu einem Leben, als ob es Gott nicht gäbe, dann doch nicht so überzeugend und alternativlos, wie sie daherkommt.

Und was Friedrich Nietzsche anbelangt, so könnte vielleicht ein Blick auf dessen allerletzte Texte diejenigen nochmals neu nachdenken lassen, die an der Wahrheit meiner erzählten Geschichte zweifeln. Denn kündigt sich Nietzsches Bekehrung nicht schon an, als sein «Antichrist» inmitten der Suada des Hasses auf das Christentum und inmitten des Ressentiments gegen alles Christliche innehält vor Christus am Kreuz, dem faszinierenden «Typus des Erlösers»[406], in dem Nietzsche nicht nur einen freien Geist, sondern seinen Dionysos und in diesem Dionysos die Quintessenz seiner Philosophie des Lebens erkennt? Ist Nietzsche nicht bereits zu einem Verkündiger des Evangeliums Jesu geworden, als er seinen Leserinnen und Lesern geradezu euphorisch zuruft:

> «Das wahre Leben, das ewige Leben ist gefunden – es wird nicht verheissen, es ist da, es ist *in euch*: als Leben in der Liebe, in der Liebe ohne Abzug und Ausschluss, ohne Distanz. Jeder ist das Kind Gottes!»[407]

Ist der Weg von diesen Sätzen zum Bewusstsein der Nähe und der Gegenwart Gottes wirklich noch weit?

Nicht weit ist in Nietzsches literarischen Eruptionen des Jahrs 1888 zweifellos der Weg in den Wahnsinn und in die Nacht. Durch seine letzten Texte flackert ein unstetes und schliesslich verlöschendes Licht. Die Implosion seines Bewusstseins macht sich an ihren Vorboten, an der Euphorie und am Grössenwahn, bemerkbar.

Im Wachzustand seines Geistes hätte sich Nietzsche nie und nimmer zugestanden, ein Gottsucher zu sein oder werden zu wollen. Erst als ihn die Gegenwart seines Geistes zu

---

406 Friedrich Nietzsche, Der Antichrist, KSA 6, 199.
407 A. a. O., 200.

verlassen beginnt, beschleicht ihn die Gegenwart Gottes. Am Rande der Nacht, in der der Kranke verrückt und entrückt wird in Träume, von denen wir nichts wissen – vielleicht sogar in einen Traum Dietrich Bonhoeffers –, dämmert ihm die «grosse Sehnsucht»[408], der er sich vielleicht nur als Verdämmernder, als Raunender, als Dichtender und als Singender hingeben kann. Als ihm der rote Faden seines Lebens entgleitet, singt er in seinen Dionysos-Dithyramben im Munde der Ariadne den herbei, dessen Tod er zuvor so schneidig im Munde führt, dessen Name aber auf einmal «wieder da [ist], ohne alle Abscheu, ohne Verbot, ohne Ironie»[409]: «Oh komm zurück, mein unbekannter Gott! mein *Schmerz*! mein letztes Glück!»[410]

Und Gott erhört ihn, ist zur Stelle und erfüllt die Welt mit seiner Gegenwart – zumindest in Nietzsches irrlichternder Wahrnehmung und in den ersten Worten seines Wahns. Denn kurz vor dem geistigen Erblinden halluziniert der Seher: «Die Welt ist verklärt, denn Gott ist auf der Erde. Sehen Sie nicht, wie alle Himmel sich freuen?»[411] Auch bei Nietzsche selbst tritt also am Ende das jesuanische «Gesammt-Verklärungs-Gefühl aller Dinge»[412], die Seligkeit, ein. Und dass er seinen «Wahnzettel» an Meta von Salis mit «Der Gekreuzigte» signiert, ist nur konsequent. Denn nicht er, sondern der erlöste Christus spricht aus ihm.

Wie Dietrich Bonhoeffer, der vielleicht nicht nur in der Geschichte dieses Buchs in dunklen Stunden unter einen leeren Himmel auf theologische Abwege und von diesen Abwegen wieder zurück zu Gott geführt wurde, glaubt sich Friedrich Nietzsche auf Erden im Himmel und von guten Mächten wunderbar geborgen. Wie Dietrich Bonhoeffer sehnt sich Friedrich

---

408   Dietrich Bonhoeffer, Widerstand und Ergebung, DBW 8, 242.
409   Heinrich Detering, Der Antichrist und der Gekreuzigte, 153.
410   Friedrich Nietzsche, Dionysos-Dithyramben, KSA 6, 401.
411   Friedrich Nietzsche am 3. Januar 1889 an Meta von Salis, Sämtliche Briefe, KSB 8, 507 und 522.
412   Friedrich Nietzsche, Der Antichrist, KSA 6, 207.

Nietzsche nach jener Diesseitigkeit, die tiefe Ewigkeit will, ohne sie in den Felsenhöhlen des irdischen Daseins finden zu können. Und wie Dietrich Bonhoeffer lässt Friedrich Nietzsche seine Leserinnen und Leser mit der Frage zurück, ob man glauben darf, was er sich denkend und delirierend zusammenreimt.

Wir wissen nicht, ob die Stunde der Wahrheit eher in Augenblicken des Selbstverlusts oder in Momenten der Selbstkontrolle, eher des Nachts oder des Tags, eher im Traum oder in der sogenannten Realität schlägt. Wir sind geneigt, Denker an ihren wachsten Momenten zu messen. Wir pflegen in wissenschaftlichen Zusammenhängen die besonnene apollinische Recherche der dionysisch ekstatischen Phantasie vorzuziehen und sorgfältig zwischen Dichtung und Wahrheit, zwischen berauschendem Gedankenexperiment und nüchtern argumentierender Vernunft zu unterscheiden. Weder im Falle der Texte Dietrich Bonhoeffers noch im Falle der Texte Friedrich Nietzsches ist dies freilich so einfach möglich. Beide dichten. Beide imaginieren. Beide experimentieren. Beide tun sie dies ungeschützt und dem Irrtum ausgesetzt am Abgrund ihres Daseins. Und für beide bleibt über diesem Abgrund in der Schwebe, ob Gott fern oder nah, ob er da oder nicht da ist und ob es redlicher ist zu leben, als ob es ihn gäbe oder als ob es ihn nicht gäbe, diesen Gott.

Am Ende dieses Buchs, das wie Bonhoeffers und Nietzsches Denken ein Experiment zwischen Dichtung und Wahrheit und zwischen Wissenschaft und Fiktion ist, wage ich eine Behauptung: Wir können als Christinnen und als Christen nicht redlich sein, ohne zu erkennen, dass wir allem Realismus, allem Zweifel und allem Unglauben zum Trotz in der Welt leben müssen und leben dürfen – *etsi Deus daretur*.

Und wir sollten als Christinnen und Christen auch etwas anderes wissen: Wir sollten wissen, dass Gott allein weiss, ob es Gott wirklich gibt.

Ralf Frisch
Alles gut
Warum Karl Barths Theologie ihre beste Zeit noch vor sich hat

Ralf Frisch liest in seinem glänzend geschriebenen Buch Karl Barths «Kirchliche Dogmatik» als selbstbewusste theologische Gegenerzählung. Anhand der wichtigsten Grundentscheidungen von Barths Dogmatik zeigt er Karl Barths Aktualität auf und führt so pointiert und kühn in sein Denken ein.

«Karl Barths Theologie trifft den Nerv unserer Zeit insbesondere deshalb, weil sie je länger, je mehr unbeirrt zur Sprache bringt, wonach sich die Menschen unserer Zeit und aller Zeiten sehnen: dass alles gut wird. Alles, so Barth, ist gut, weil Gott alles gut gemacht hat.»

Theologischer Verlag Zürich
5. Auflage 2020
204 Seiten, Paperback
ISBN 978-3-290-18172-7

Ralf Frisch
Er
Ein Zwiegespräch mit dem Mann,
der Jesus erfand

Was wäre, wenn man den Verfasser des Markusevangeliums fragen könnte, warum er schrieb, was er schrieb? Ob er das, was er über Jesus erzählte, wirklich für die Wahrheit hielt?
Ralf Frisch wagt genau das: Er verwickelt den unbekannten Evangelisten Markus in ein Zwiegespräch über Helden und Dämonen, über Weltfremdheit und Einsamkeit, über Schönheit und Zorn, über Intensität und Wahrheit.

Theologischer Verlag Zürich
2. Auflage 2020
190 Seiten, Paperback
ISBN 978-3-290-18300-4